Das LARP-Kochbuch

Das untere Lager ist ein richtiges Elendslager, ihr müsst mal sehen, was sie auf ihren Kochfeuern haben. Morgens: Würstchen, mittags: Würstchen, abends: Würstchen. Wahrscheinlich gibt es dort auch Wellblechzelte…

Etienne deCartes während eines Zehntages-LARPs

Mela Eckenfels & Petra Hildebrandt

Das LARP-Kochbuch

Ambiente-Küche auf Live-Rollenspielen

Illustrationen: Jutta Bossert

Impressum

Inhalt & Satz:
Mela Eckenfels, Karlsruhe
Petra Hildebrandt, Hamburg

info@larpkochbuch.de
http://www.larpkochbuch.de/

Illustrationen: Jutta Bossert
Vorwort: Robert Klohe
Herstellung und Verlag: Books on Demand GmbH, Norderstedt

ISBN 3-8334-4957-8

Inhaltsverzeichnis

Wir danken ... 8
Einleitung 9
LARP-Kurzerklärung 10
Vorwort 11
Schlachtpläne 13
1. Du fährst auf ein Con mit Vollverpflegung und gehörst nicht zur Orga oder zur Küchencrew 13
2. Du fährst auf ein Con mit Selbstverpflegung 14
2.1. Ohne Gruppe 14
2.1.1. Schlachten- und Abenteuer-Cons 14
2.1.2. Ambiente-Cons 14
2.2. Mit Gruppe 15
2.2.1. Schlachten-Con 15
2.2.2. Abenteuer- und Ambiente-Cons 15
2.3. Tavernenköche und Vollverpflegungsmagier 16
2.3.1. Der Anfänger und der Durchschnitts-Koch 16
2.3.2. Der Großmeister 16
Großküche oder Selbstversorger? 17
Checkliste zur Entscheidungsfindung 19
Was man bei Voll- und Teilverpflegung oder beim Betrieb einer Feldküche beachten muss 20
Ausrüstung 22
1. Die Grundausrüstung 22
2. Hilfen zur Genre Ausrüstung 23
2.1. Fantasy 23
2.2. Mittelalter 24
2.2.1. Bauernküche 25
2.2.2. Herrschaftliche Küche 26
2.3. Western 27
2.4. Kelten 28
2.5. Gaslight 29
2.6. Darkover 30
2.7. SciFi 31
2.7.1. Babylon 5 31
2.7.2. Star Trek 32
2.7.3. Star Wars 34
2.7.4. Endzeit 34
3. Nützliche Ausrüstung für zu Hause 35

Feuerstellen und Öfen 36
1. Feuerstellen 37
2. Backen 38
Die Topf-in-Topf-Variante 38
Der Feldsteinbackofen 39
3. Dutch Oven 39
4. Exotisches 39
5. Sicherheitstipps 40
Mengenberechnung 42
Zahlen 42
Fallstricke 45
Kleine Zutatenkunde 46
1. Beeren & Früchte 46
2. Fisch & Fleisch 47
3. Früchte der Neuen Welt 48
4. Genussmittel 48
5. Getreide 49
6. Hülsenfrüchte 51
7. Süßungsmittel 52
8. Fette 54
Kräuter und andere Waldläufergenüsse 57
Lebensmittel vorbereiten und aufbewahren 62
1. Trocknen & Dörren 62
2. Milchsaures Einlegen 64
3. Einmachen 65
4. Kühlen ohne Strom 65
4.1. Kühltaschen oder -boxen 65
4.2. Kühlboxen mit aktiver Kühlung 66
4.3. Eis in großem Stil 67
4.4. Fließendes Wasser 67
4.5. Verdunstungskühlung 67
5. Die Sache mit dem Fleisch 68
5.1. Dörren 70
5.2. Vakuumverpackungen 70
5.3. Marinieren und Beizen 70
5.4. Pökeln 71
5.5. Anbraten 72
6. Strategien 72

Tipps rund um Essen & Trinken auf LARPs und Märkten 73
1. Allgemeine Tipps 73
2. Sicherheitstipps 74
3. Tipps zum Ambiente 74
4. Tipps zum Backen 75
5. Tipps zum Einkaufen 76
6. Tipps für die Großküche 77
7. Tipps zum Kochen 79
8. Tipps zu Kochkatastrophen 79
9. Tipps zu Küchenutensilien 80
10. Tipps zur Mülltarnung und -entsorgung 81
11. Tipps zu den Zutaten 82
12. Tu das nicht! 82
Exkurs - Charaktertyp: Otternasen, Otternasen! 84
Symbole des Rezeptteils und ihre Bedeutung 85

Die Rezepte 87
Zwischenmahlzeiten & Marschrationen 88
Frühstück 101
Backwaren 108
Aufstriche, Soßen & Extras 123
Hauptmahlzeiten 133
Wenn's schnell gehen muss: Fertig Gemischtes 166
Nach- und Süßspeisen 171
Getränke 178
Für Ungeduldige - Fertiges aus dem Supermarkt-Regal 185
Anhang 187
Bezugsquellen 188
Begriffserklärungen 191
Checklisten 194
Checkliste - Spieler bei Vollverpflegung 194
Checkliste - Spieler auf Schlachten-Cons 194
Checkliste - Spieler auf Ambiente-Cons 195
Checkliste für Gruppenköche 195
Checkliste - Feldküche oder Taverne mit Verpflegung 196
Checkliste bei einer vorhandenen Küche 197
Quellen 200
Alphabetischer Index der Rezepte 204
Index nach Genres 206

Wir danken ...

... unseren Lebenspartnern, Bernd und Torsten, für ihre Liebe, Geduld und treue Testesserschaft.

... Dunja Fuxfell, Prinzessin von Thyngary, sowie der Anorien-Orga für die Anregung zu diesem Buch.

... "Kleines Grünes", deren Illustrationen zu diesem Buch uns sofort bezaubert haben,

... der Myrrth Saga- sowie der Imperium Dracanum-Orga, für die Möglichkeit, die Rezepte an einer größeren Spielerzahl zu testen.

... den *Hessen* für den Titel *Dekadenteste LARP-Köchin* und den Beweis, dass man auch auf einem LARP frische Tortellini herstellen kann.

... einer großen Anzahl Spieler fürs - unwissentliche - Testessen und diversen Tavernen und Feldküchen fürs Topfguckendürfen und für die Inspiration.

Mela & Petra

EINLEITUNG

Essen und Live-Rollenspiel gehören zusammen wie Ein- und Ausatmen. So ist es verwunderlich, wie stiefmütterlich dieses Thema immer wieder behandelt wird.

Oftmals wird die Nahrungsaufnahme beim Spiel als notwendiges Übel betrachtet, quasi eine erzwungene Auszeit, in der man nicht dem eigentlichen Zweck der Veranstaltung nachgehen kann: der Plotjagd oder dem Kampf.

Doch gerade das Essen oder dessen Zubereitung, kann sehr zum ganzen Ambiente beitragen. Daher will dieses Buch einen Blick auf die Mittel und Möglichkeiten der LARP-Küche werfen, Anregungen bieten und hoffentlich viele LARP-Köche animieren, sich auch ins Rollenspiel einzubringen.

Die Informationen in diesem Buch wurden nach bestem Wissen und Gewissen recherchiert und zusammengestellt. Daher sind auch die Rezepte in den Bereichen Mittelalter, Western und Gaslight historisch möglichst genau.

Jedoch behaupten wir nicht, Historiker zu sein, und Spieler, denen es nicht nur um Ambiente geht, sondern um eine realistische Nachgestaltung der damaligen Verhältnisse, sowie Reenactoren haben wahrscheinlich deutlich detailliertere Quellen.

Im Bereich Fantasy lassen auch wir unserer Fantasie freien Lauf. Wer kann schon sagen, welche Nahrungsmittel es in einer Fantasy-Welt gibt, in der sich fremde Wesen die Türklinke in die Hand geben, und welche nicht? Der Schwerpunkt liegt hier auf Speisen, die nicht alltäglich wirken, sowie etwas rustikaler sind. Damit hoffen wir, die Vorstellung der meisten Fantasy-Rollenspieler zu treffen.

Der Bereich ‚Darkover' kann – wie es bei einer rein erfundenen Welt nicht anders möglich ist – nicht mit Authentizität aufwarten. Allerdings beschreiben die Bücher des Zyklus auch immer wieder typische Speisen und Getränke. Die Rezepte in diesem Bereich stellen unsere Vorstellungen der Küche Darkovers dar.

Generell möchten wir zeigen, dass man mit ein wenig Spaß an der Freud und Fantasie auch auf einem LARP abwechslungsreich und gut kochen kann, und dazu anregen, selbst Ideen zu entwickeln, die die Spielwelt bereichern.

LARP-Kurzerklärung

Da dies kein allgemeines Buch über das Live-Rollenspiel sein soll, möchten wir die Erklärung, was LARP ist, auch so kurz und knapp wie möglich halten.

LARP oder Live-Rollenspiel ist eine – über einen eingeschränkten Zeitraum – gemeinsam gelebte Geschichte. Weitere Analogien, die sich anbieten, sind die eines Laientheaters ohne Zuschauer oder die von Räuber-und-Gendarm oder Piratenspielen für Erwachsene.

Vorwort

von Gwydion, Paladin des Aldones

Ein Vorwort für ein Kochbuch, ja ... Als ich zuerst darauf angesprochen wurde, fühlte ich mich eigentlich ziemlich unzulänglich auf diesem Gebiet bewandert. Erinnerungen stiegen auf von vielen Dosen, Riegeln und Flaschen, die man im Zelt versteckt hielt, um sich heimlich daran zu vergehen zwischen zwei Orkangriffen und dem zu rettenden Zauberlehrling. Dabei war man noch stolz darauf gewesen, irgendwann mitbekommen zu haben, dass – entgegen Statistiken und landläufiger Meinung – auch Rollenspieler etwas wie Nahrung und Wasser zu sich nehmen müssen.

Dann der Gedanke an jenes erste Mal, als man staunend vor dem Festessen stand, welches eine Herbergsleitung liebevoll ambientegerecht zusammengestellt hatte, anstatt einem die übliche traurige Ausrede zu lassen, dass es neunmal eine Jugendherberge war und diese den eigenen so großartigen Vorstellungen natürlich nicht gerecht werden konnte. Vorstellungen, die aber ohne solch eine Küche und Erfahrung eigentlich doch niemals realisierbar zu sein schienen.

Ansonsten wurden das Höchstmaß der Gefühle doch die paar Sachen, die man auf einem Zeltcon mitbringen und grad mal kurz frisch zubereiten konnte, sowie die wenigen glücklichen Ausnahmefälle, wo man auf jenen in einer Gruppe mit eigenem, wirklichen Koch/Köchin war. Dies war immer abgewechselt, oder eher überschattet, mit unvergleichlichen Erlebnissen wie jener SL, die einer JH-Küche säckeweise Hirse mitgebracht hatte, um den überforderten Köchen – und uns begeisterten Rezipienten – morgens, mittags und abends eine Abwechslung von „Hirse mit ...“ und „... mit Hirse“ zu überlassen.

Rückblickend auf jene Erfahrungen wurde die Bekanntschaft mit den Autorinnen dieses Buches und das literarische wie physische Konsumieren seines Inhaltes umso mehr ein wahrhaft bestechendes Erlebnis.

Fasziniert durfte ich Zeuge des Entstehungsprozesses und damit jedes neuen Rezeptes werden, welches auch vor seiner Aufnahme noch auf Praktikabilität und Geschmack getestet wurde.

Nach den erwähnten Erfahrungen nicht zuletzt eine sehr leckere Zeugenschaft, die mich häufiger als üblich auf Selbstversorgercons gelockt hat und nun auch weiter locken wird.

Als Spielleiter und Organisator kann ich nur raten, mit diesem Buch vorsichtig zu sein. Natürlich ist es toll, seinen Spielern leckere, ambientegerechte Speisen zu bieten, und prima, den NSCs die seltene Erfahrung, nicht nur überhaupt Nahrung, sondern auch noch solche zukommen zu lassen. Aber man glaubt nicht, wie sehr es die natürlichen Fähigkeiten von SLs schwächt, tagelang ohne Vitamine oder sonst was Gesundes, ja, sogar ohne jegliche Nahrung auszukommen!

Hinterhältig erschleichen sich die Rezepte Zugang zur Wahrnehmung über Geschmack oder schlicht Aussehen und Duft. Also an all diese: **Vorsicht!** - Gut ... Für Spieler: ... Man könnte über die Bestechlichkeit nochmal reden ...

Robert Klohe

SCHLACHTPLÄNE

Bevor es ans Kochen geht, muss erst einmal der eigentliche Bedarf herausgefunden werden. Hier könnt ihr feststellen, in welche Kochgruppe ihr fallt und welche Bereiche des Rezeptteils für euch besonders zu empfehlen sind, beziehungsweise welche nicht.

1. Du fährst auf ein Con mit Vollverpflegung und gehörst nicht zur Orga oder zur Küchencrew

Das Stichwort ist: **Snacks.**

InTime-Knabbereien für Zwischendurch füllen den Magen und halten den Blutzuckerspiegel auch bei anstrengenden Wanderungen oder nach Kämpfen aufrecht. Eine Trinkflasche oder ein Trinkschlauch ist unverzichtbar.

Wenn du sehr vernascht, Vegetarier, Allergiker oder Diabetiker bist, sind eigene Notrationen empfehlenswert, manchmal gehen solche Feinheiten bei der Orga/Küchencrew schlicht unter.

Unbedingt ins Gepäck gehört eigenes InTime-Essgeschirr und Besteck. Nur wenige Orgas können es sich leisten, Geschirr für 100 und mehr Spieler bereitzuhalten, abzuwaschen oder auch nur zu transportieren. Das Essgeschirr gehört ebenso zum Charakter wie seine Gewandung.

Eine Checkliste findest du auf Seite 194.

2. Du fährst auf ein Con mit Selbstverpflegung

2.1. Ohne Gruppe

Selbst wenn man ohne Gruppe auf ein Con fährt, lohnt es sich vielleicht vorher herauszufinden, ob es eine Taverne gibt, die wenigstens abends Essen anbietet, oder ob du dich auch mit zwei oder drei dir bis dato unbekannten Spielern zusammentun kannst. Das macht die Verpflegung etwas einfacher.

2.1.1. Schlachten- und Abenteuer-Cons

Deine hauptsächliche Nahrung in dieser Zeit werden die Heiltränke der Alchimisten sein. Immer wenn du gerade das Kochgeschirr hervorziehen willst, trifft dich der nächste Bolzen. Nach drei Tagen versucht dein Magen selbstständig beim nächsten Bäcker betteln zu gehen – aber auch du musst nicht verhungern.

Für kulinarische Feinheiten bleibt dir einfach keine Zeit. Wenn du dich zwei Tage auf ein Würstchen gefreut hast, wird dieses garantiert während eines Überraschungsangriffs auf deinem Feuer verkohlen. Daher bleiben dir vor allem Snacks und vorgemischte Fertiggerichte, denn heißes Wasser brennt wenigstens nicht an. Dörrfleisch kann man auch noch in der Schlachtreihe kauen, während man auf das Signal zum Angriff wartet, und ein Honig-Riegel belebt müde Krieger.

Deine Ausrüstung braucht das Essgeschirr, einen einfachen Topf und eine – zur Not geteilte oder geliehene – Feuerstelle nicht zu überschreiten. Gläser mit Bügelverschluss sind eine gute Anschaffung um die InTime-fähige Schnellnahrung zu Hause vorzubereiten und zu transportieren.

Eine Checkliste findest du auf Seite 194.

2.1.2. Ambiente-Cons

Eine Milchtüte ist – mehr noch als auf anderen Cons – eine Todsünde und wird mit dolchartigen Blicken deiner Mitspieler bestraft. Wer offen seinen Joghurt aus dem bunten Becher isst, gilt gleich als Kinderfresser oder schlimmer noch Tourimonster...

Wer dagegen morgens in Ruhe erst mal den Muckefuck überm Lagerfeuer röstet, gibt den Anwesenden das Gefühl, schon mitten in der guten, alten Fantasy-Zeit zu stehen.

Du hast, auch wenn du alleine unterwegs bist, genug Zeit, dich den kulinarischen Genüssen zu widmen, denn Plot gibt es nur in homöopathischen Dosen. Niemand wird dich erstaunt ansehen, wenn deine Küchenausrüstung doppelt soviel Platz im Auto wegnimmt, wie deine Gewandung, das InTime-Zelt und die Waffen zusammen.
Im Prinzip musst du nur aufpassen, dass du für dich alleine nicht zuviel kochst – was nicht der Fall sein wird, weil der Duft deines Kochfeuers ohnehin alle kulinarisch unbegabten Rollenspieler im Umkreis von 200 Kilometern anlockt.

Eine Checkliste findest du auf Seite 195.

2.2. Mit Gruppe

Gruppen bieten viele Möglichkeiten das Kochen an sich, als auch den Transport der Ausrüstung aufzuteilen und über den gesamten Zeitraum abwechslungsreiche Küche zu bieten. Dreibein, Pfanne und Kessel sollte die minimale Ausstattung sein. Gruppen die mit kompletten Holzherden anreisen wurden aber auch schon gesichtet. (Wer diesen nacheifern will, denkt frühzeitig über die Anschaffung eines Anhängers nach)

2.2.1. Schlachten-Con

Viel hilft es nicht, als Gruppe anzureisen, anstatt alleine. Der Plot fliegt euch um die Ohren und wenn da nicht der Zeitmangel wäre, sind da immer noch die Heerscharen von NSCs, die ein brennendes Feuer leider nicht als guten Grund ansehen an dieser Stelle das Kämpfen zu unterlassen.
Um einer einseitigen Würstchen-Diät vorzubeugen, sind auch vorgemischte Gerichte interessant.

Eine Checkliste findest du auf Seite 194

2.2.2. Abenteuer- und Ambiente-Cons

Euer Lagerleben trägt zum Ambiente der Gesamtveranstaltung bei. Vom Morgenkaffee bis hin zum Eintopf der auch Nachts noch überm Feuer köchelt, seid ihr In-Time. ihr lebt, atmet und vor allem: ihr kocht InTime.

Auch aufwändigere Gerichte gehören in euer Repertoire, ein LARP ohne im Feuer gebackenen Kuchen ist nur der halbe Spaß und ihr sammelt eure Zutaten schon mal in Wald und Feld. Für euch wichtige Themen sind die Lagerung und Haltbarkeit der Vorräte. Alle Gerichte die mit dem Lagerfeuer-Icon gekennzeichnet wurden, können von euch gut gekocht werden.

Eine Checkliste findest du auf Seite 196.

2.3. Tavernenköche und Vollverpflegungsmagier

Bei nur zwei hungrigen Spielern stehst du gar nicht erst auf. Du läufst erst so langsam warm, wenn zehn oder mehr LARPer wie ausgehungerte Wölfe um dein Reich schleichen.

2.3.1. Der Anfänger und der Durchschnitts-Koch

Wer im Alltag lediglich in der Lage ist Spaghettiwasser zu erhitzen, sollte vom stressigen Job des LARP-Kochs Abstand nehmen. Als Neuling solltest du dich besonders mit der Mengenberechnung beschäftigen, da dir die Erfahrung einfach abzuschätzen fehlt. Sinnvoll ist es auch, geplante Gerichte einmal zu Hause durchzukochen, um die Vorbereitungszeiten, sowie den Aufwand herauszufinden. Je nach vorhandener Ausrüstung, sind alle vorgestellten Rezepte für dich interessant.

Eine Checkliste findest du auf Seite 195 und 196.

2.3.2. Der Großmeister

Deine Taverne oder Kampfküche ist weithin bekannt. Orga und Regelsystem sind unwichtig, wenn die Teilnehmer nur wissen das du dort kochst. Nach dem Schlachtende schreibt der Barde eine Ode an dich, statt an die Helden aus der ersten Schlachtreihe und die NSCs greifen dich von vorne zum Schein an um dann hinter deine Küche zu schleichen und eine Extra-Portion zu erbetteln. Kaninchen in Rotwein oder gefüllte Wachteln sind der Alltag, nicht die Ausnahme.

Dir können wir nichts mehr beibringen, sondern verneigen uns ehrfürchtig vor deiner Kunst. Jedoch gibt es vielleicht das eine oder andere Rezept in diesem Buch, das auch für dich ausprobierenswert scheint. **Du hast seit Jahren deine eigene, vollständige Checkliste.**

Grossküche oder Selbstversorger?

Für jeden Veranstalter stellt sich während der Planung die Frage: Selbst kochen, kochen lassen oder Selbstversorger-LARP?

Selbst kochen bedingt das man einen fähigen Koch oder eine fähige Köchin in Organähe besitzt. Außerdem braucht man ausreichend Raum und Ausrüstung (fließendes heißes Wasser! Geschirrtücher!) zum Zubereiten und Abwaschen. Entweder genügend Geschirr oder Spieler die auch sicher an ihr eigenes Geschirr denken. Man benötigt Möglichkeiten um Lebensmittel für 20-200 Personen einzulagern.

Des weiteren braucht man eine genaue Planung sowohl der Anzahl der Esser als auch des Budgets.

Kochen lassen ist aus Kostengründen nur in wenigen Fällen sinnvoll. Da, wo es etwa dem Ambiente zuträglich ist, wie für ein mittelalterliches Festmahl auf einer Burg, oder ähnliches, kann man darüber nachdenken, einen eigens angeheuerten Koch kochen zu lassen. Wobei man hier anfügen kann, das in Jugendherbergen, Jugendgästehäusern oder ähnliches oftmals gekocht wird.

Auf Grund dieser umfangreichen Überlegungen ziehen es einige Orgas, besonders solche die eher am Beginn ihrer Karriere stehen, vor das ganze als Selbstversorger-Con auszurufen.

Hierbei laufen sie jedoch gleich in mehrere Gefahren.

Bietet man Vollverpflegung an (und hat sich nicht nach unten verkalkuliert) kann man relativ sicher sein das alle Spieler mit Essen versorgt sind und nicht einfach mal ausprobieren wie lange man ohne Nahrung durchhalten kann. Als Orga sollte man wissen, das einige Spieler vor lauter Spielfreude während eines Cons nicht schlafen. Summiert sich das noch mit Nahrungsmangel und evtl. zu wenig Flüssigkeitsaufnahme, dürfen sich die anwesenden Sanitäter auf ausreichend Beschäftigung freuen.

Ein weiteres Problem ist, dass beim Selbstversorgen oftmals das Ambiente über die Klinge springt. Jeder kennt Bilder von einem schönen InTime-Ritterzelt und auf dem Tisch davor eine Batterie von leeren Milch- und Apfelsaft Tetra Paks und Joghurtbechern.

Wen das nicht stört, kann diese Überlegung natürlich getrost streichen.

Das letzte Problem sind die Kochfeuer, die nicht immer gerade umgebungsschonend angelegt werden. Und manchmal kommt nach einem Con dann das böse Erwachen, wenn der Platzwart Entschädigung für die vielen verbrannten, geschwärzten Stellen sehen will und außerdem weitere Cons auf seinem Grund und Boden bis auf sieben Generationen hinaus ausschließt. Aber auch der Müll sollte nicht unerwähnt bleiben. Auf manchem Con blieb nach den Abbauen eines bunten Zeltes, ein großer Berg an bunten Verpackungen zurück. Und blaue Müllsäcke im Wind wirken etwa genauso stilvoll wie Dixi-Klos. Doch hierzu mehr im Kapitel ‚Tipps zur Mülltarnung und -entsorgung' .

Checkliste zur Entscheidungsfindung

- ✓ Für wieviel Personen muss gekocht werden? Soll es Vollverpflegung für einen Teil der Anwesenden geben, z. B. für die NSC und Orga?
- ✓ Wer kann kochen? Und hat der- oder diejenige schon einmal für mehr als 4 Leute gleichzeitig gekocht? Und für mehr als 10? Mehr als 20?
- ✓ Kann ich die hygienischen Rahmenbedingungen für eine Vollverpflegung einhalten?
- ✓ Kann ich einen erfahrenen Koch engagieren? Und ist das im Budget?
- ✓ Wer übernimmt den Großeinkauf? Reicht dafür die Zeit- bzw. Helferkapazität? Besitzt jemand eine Großhandelskarte?
- ✓ Existiert eine feste Küche?
- ✓ Gibt es Strom?
- ✓ Gibt es fließend Trinkwasser?
- ✓ Brauche ich Gasflaschen?
- ✓ Gibt es Kühlmöglichkeiten oder muss ich diese schaffen?
- ✓ Sind wirklich große Töpfe vorhanden?
- ✓ Gibt es genug Küchenhelfer?
- ✓ Gibt es bereits Feldküchen-Ausstattung im Fundus?
- ✓ Kann ich die Feldküchen-Ausrüstung irgendwo borgen?
- ✓ Sind die Verleiher danach noch meine Freunde, oder gehen Köche, Helfer, Orga und NSC zu schlampig damit um, das danach alles total verdreckt oder kaputt ist?
- ✓ Ist eine Feldküchenausrüstung im Budget? (Das ist sie beim ersten Con generell **nicht!**)
- ✓ Muß ich die kulinarischen Dienstleistungen des Platz-, Jugendherbergs- oder Burgvermieters an- bzw. in Kauf nehmen?
- ✓ Wie ist die Platzbeschaffenheit? Kann und darf dort auf offenen Feuern gekocht werden?
- ✓ Selbst wenn man generell darf: Wann und wo findet das Con statt? Wenn es im Hoch- oder Spätsommer ist, könnte eine andauernde Dürreperiode diese Erlaubnis zunichte machen?
- ✓ Was tun wenn es stattdessen schüttet und alle Kochfeuer löscht? Gibt es eine Ausweichmöglichkeit wie z. B. ein überdachter Grillplatz in nicht mehr als 5 Minuten Entfernung zu Fuß? Oder kann ich selbst aus einem billigen Pavillon und einem Dreibein eine solche Ausweichkochgelegenheit bauen?
- ✓ Wenn nein, kann man mit einer Kantine in der Umgebung ein Catering vereinbaren? Ist das im Budget?
- ✓ Kann ich eine Kampf- oder Feldküche zum Con einladen?
- ✓ Wenn ich Vollverpflegung anbiete, wieviel Euro pro Person darf das Essen fürs gesamte Con maximal kosten?
- ✓ Gerät mir die Müllentsorgung bei Vollverpflegung oder bei Selbstversorgung billiger?

Was man bei Voll- und Teilverpflegung oder beim Betrieb einer Feldküche beachten muss

Der deutsche Gesetzgeber unterscheidet stark zwischen den Auflagen für gewerbsmäßige Gemeinschaftsverpflegung und einmaliges oder gemeinnütziges Bereitstellen von Verpflegung.

Wo die Grenze genau verläuft, liegt leider leider in einer Grauzone.

Der Status ‚Gewerbsmäßig' wird nicht alleine dadurch erreicht das mit der Veranstaltung ein Gewinn erzielt werden soll. Auch z. B. die Veranstalter von Jugendfreizeitfahrten erwirtschaften Gewinne und doch gilt das Kochpersonal dort als ehrenamtlich und die Kücheneinrichtung unterliegt nicht den gleichen strengen Richtlinien wie eine Restaurantküche...

Es darf also durchaus auch Tante Hilde ohne die Belehrung nach §43 des Infektionsschutzgesetzes hinterm Herd stehen, solange sie das nicht zu oft tut. Auch die Länge einer Veranstaltung entscheidet nicht über die Gewerbemäßigkeit.

Wer auf mehr als drei LARPs in einem Jahr kocht, sollte auf Nummer sicher gehen und sich beim zuständigen Gesundheitsamt die soeben erwähnte Belehrung nach §43 des Infektionsschutzgesetzes (IfSG) abholen.
Tut gar nicht weh, kostet meistens so um die 40 € und gilt... ein Leben lang. Jährliche Auffrischungsbelehrungen sind nur für im Lebensmittel-produzierenden oder verarbeitenden Gewerbe tätige Personen Pflicht und müssen vom Arbeitgeber durchgeführt werden.

Zwar hört man bei der Belehrung Dinge die man ohnehin schon weiß- das man sich nach dem Dixi-Besuch die Hände waschen sollte und nicht direkt in die Suppe niest – aber der kleine Schein hinterher bestätigt einem dann auch, dass man zwar Wikinger-Kleidung trägt, aber dennoch schon mal von moderner Hygiene gehört hat. Wer vor Abschaffung des Gesundheitszeugnisses noch ein solches erworben hat, kann sich die Belehrung sparen, das Zeugnis gilt weiterhin.

Schwieriger wird es bei der Frage ob es sich bei regelmäßig agierenden Feld- oder Kampfküchen um gewerbsmäßige Gaststättenbetriebe handelt oder nicht.

Die wenigsten von ihnen dürften überhaupt Gewinne einfahren und wenn dann wird dieser vermutlich gleich in einen neuen großen Kessel investiert. Leider interessiert das die Kontrolleure des Gesundheitsamtes herzlich wenig, wenn sie denn schon bei euch anklopfen. Und <u>wenn</u> sie anklopfen, dann interessiert es sie nicht, dass die Spieler ihre Feldküche so IT-stimmig wie möglich haben wollen, dann werden knallharte Hygiene-Maßstäbe angelegt.

Es gibt keine sichere Richtlinie, ab wann eine Feldküche gewerblich handelt und wann sie sich noch im Rahmen einer ehrenamtlichen Dienstleistung während einer gemeinsamen Freizeitveranstaltung befindet; und zu allem Überfluss sind die Richtlinien nicht einmal deutschlandweit einheitlich. Ob und wie die Behörden an eurem Wohnort eure Tätigkeit definieren – und die sind für euch zuständig, nicht die am Veranstaltungsort – erfragt ihr am besten bevor das Kind in den Brunnen gefallen ist. Einfach beim Gesundheitsamt anrufen oder mal vorbeigehen... ausführlich beraten und aufklären lassen – und zur nächsten Belehrung anmelden.

Mehr hilfreiche Adressen und Links findet ihr auf http://www.larpkochbuch.de

AUSRÜSTUNG

Beim Kauf oder der Zusammenstellung der Ausrüstung stellt sich oft die Frage – wie bei der Auswahl der Rezepte auch – ob die Ausrüstung zwingend ‚authentisch' sein sollte oder gar muss.

Wonach soll sich die Authentizität richten? Spiele ich Gaslight, Römer oder ein anderes historisch angehauchtes Genre, werde ich versuchen meine Ausrüstung der Zeit anzupassen, klar. Bei Fantasy-LARPs kann ich mich am Mittelalter ausrichten, muss es aber nicht. Jeder hat sein eigenes Hirnkino der Fantasy-Welt im Kopf. (Wobei man bei Low-Fantasy etwas strikter mit der eigenen Ausrüstung ins Gericht gehen sollte, als bei High-Fantasy.) Gegenstände die man optisch selbst nicht mit der Umgebung vereinbaren kann, sollten zu Hause bleiben oder wenigstens gut getarnt werden. Wir sind allerdings der Meinung, dass Lebensmittelhygiene vor Authentizität geht und hängen uns lieber einen ‚unauthentischen' Emaille-Kessel über das Feuer als einen authentischen, schlecht zu reinigenden, Tontopf.

Versucht Eurem und im geringeren Maße auch dem Kopfkino der anderen gerecht zu werden. Passt euch soweit dem gespielten Genre an wie möglich und verwendet soviel moderne Ausrüstung wie unbedingt nötig.

1. Die Grundausrüstung

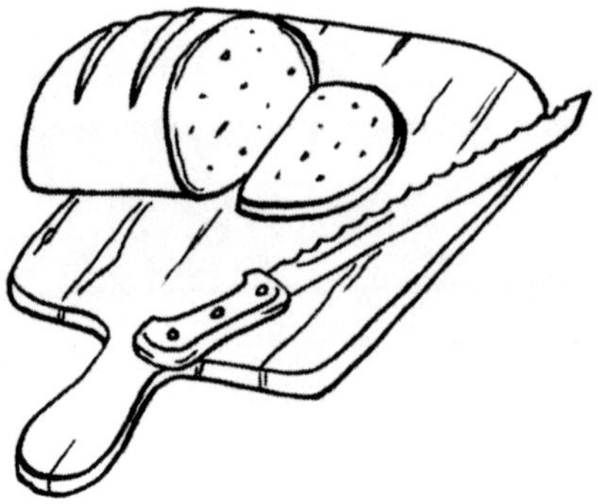

Trinkgefäß, Eßschale, Mehrzweckmesser, sowie ein Löffel sind auch, und gerade auf Vollverpflegungscons obligat. Selbst wenn ein abendliches Festmahl auf dem Programm steht; lieber drei kleine Teile mehr im Gepäck, als in der Büßerschlange vor der Küche zu stehen und Geschirr zu erbetteln.

2. Hilfen zur Genre Ausrüstung

2.1. Fantasy

Fantasy ist lediglich ein Oberbegriff für eine ganze Reihe von Literatur, Rollenspiel-Entwicklungen oder Filmen. Im Fantasy-Genre findet man eine große Auswahl an Kulturen und Entwicklungsstadien und auch die mögliche Ausrüstung ist eigentlich kaum beschränkt. Allerdings wird deswegen noch lange nicht alles akzeptiert.

Akzeptiert wird, was in das Bild der Spieler passt und das kann sich von Con zu Con unterscheiden. Daher bieten wir euch nur einige Vorschläge, die theoretisch niemanden in seiner Vorstellung stören oder vor den Kopf stoßen sollten:

Aufbewahrungsgefäße: sollten, bei aller Liebe zu rustikalem Ambiente, hygienisch, gut zu reinigen und gut schließend sein. Irdene Gefäße mit Korkverschluss, aber auch und gerade Glasgefäße mit Schnappverschluß dürften generell akzeptiert werden. Weniger gut sind Gefäße mit Schraubverschlüssen. Hier ist der ‚Kenn ich, seh ich jeden Tag'-Faktor einfach sehr groß.

Besteck: Hier sollte einem zumindest nicht gerade ‚IKEA' entgegen schreien. Holzbesteck ist sicherlich gut, oder auch Besteck mit Holzgriff. Eine der Autorinnen verwendet lediglich unmodernes Besteck mit schnörkeliger Verzierung.

Einzelteile, zum Beispiel verziertes Silberbesteck, lassen sich gut auf Flohmärkten ausgraben.

Wer sich lieber am Mittelalter orientiert verzichtet ganz auf die Gabel. Einige LARP- oder Mittelalter-Versender bieten Repliken spätmittelalterlicher Bestecke an.

Essgeschirr: Holzteller und Schalen, aber auch Ton, Steingut, Emaille oder Keramik. Alles ohne Dekore, die zu sehr nach den 50er, 60er, 70er oder 80er Jahren aussehen. Vermeiden sollte man Opalglas-Teller mit dem Hauch Supermarkt-Flair oder Campinggeschirr aus Plastik. Sicherlich nicht unbedingt ‚zeitgemäß', aber irgendwie nicht ohne Atmosphäre sind verbeulte Essgeschirre verschiedener Armeen.

Kochgeschirr: Kessel, Töpfe und Pfannen aus Gußeisen, Emaille oder Kupfer, aber natürlich auch Ton. Vermeiden sollte man Emailletöpfe wie sie in Kaufhäusern angeboten werden, da sich diese meist durch besonders grauselige Blumen- und andere Muster auszeichnen.

Trinkgefäße und Flaschen: Ton-, Zinn- oder Steingutbecher, Trinkhörner und Lederflaschen machen sich gut. Verwendet man Glasgefäße sollte man darauf achten dass es nicht unbedingt nach schwedischer Massenproduktion aussieht. Außerdem kann man sich hier bei der Gestaltung mittelalterlicher Gläser bedienen und darauf achten, dass sie über leichte Unebenheiten oder Verzierungen auf der Oberfläche verfügen. Damals wurde oft mit der Hand gegessen und die fettigen Finger glitten auf einer glatten Glasoberfläche zu leicht ab. Spätmittelalterliche Glasfunde im Badischen Landesmuseum Karlsruhe weisen geradezu dornenartige Glaskleckse auf ihrer Oberfläche auf.

Einer der, nach bescheidener Meinung der Autorinnen, größten Ambientekiller ist die gemeine Bierflasche mit Kronkorken. Doch hier machen selbst Low-Fantasy Spieler gerne Zugeständnisse, da sie so ungerne auf den unproblematischen Genuß eines schnellen Bierchens verzichten mögen. Stilvolle Abhilfe schaffen gläserne, oft verzierte Bierflaschen mit Schnappverschluss und Deckelkrüge.

Des weiteren sind Flaschen aus Steingut, mit Korken oder Schnappverschluß, eine schöne InTime-Variante. Und billig, wenn man bedenkt das häufig Kräuterliköre oder andere Schnäpse auf diese Weise angeboten werden. Mag man das Zeug selbst nicht, schenkt man Opi den Inhalt.

2.2. Mittelalter

Unsere heutige Vorstellung vom Mittelalter ist meist extrem romantisiert und verfälscht. Generell war es früher gang und gäbe von dieser Epoche als sehr dunkles, kultur- und entwicklungsarmes Zeitalter zu denken und in der Literatur sowie im Film wurde dieses Bild noch forciert. Ihren Anfang findet dieses verzerrte Bild aber schon im Spätmittelalter selbst, als Adel, Klerus und Wissenschaft, auf den, den Boden bearbeitenden, kleinen Mann, nieder sah wie auf einen im Schmutz wühlenden Wurm.

Jüngere Forschungen wie sie zum Beispiel im Fränkischen Freilichtmuseum betrieben wurden und werden, indem man auch spätmittelalterliche Bauernhäuser so naturgetreu wie möglich wieder aufbaute, zeichnen ein deutlich anderes Bild.

Statt baufälligen und stinkenden Lehm oder Holzhütten, dürfte das durchschnittliche Bauernhaus ein durchaus, stabiles Werk Handwerkskunst gewesen sein. Deutlich besser als ein halb in den Boden gegrabenes Loch.

Dennoch gab es natürlich eklatante Unterschiede in der Qualität der Einrichtung einer Bauers- oder einer Burgküche. Oder auch nur zwischen Bauernhaus und dem Stadthaus eines Bürgers. (Man stelle sich nur einmal vor in 500 Jahren würden die Überreste einer Großküche, einer 100.000 Euro Gaggenau-Luxusküche und der IKEA-Küche eines durchschnittlichen Studentenhaushaltes ausgegraben und miteinander verglichen.)

Zeitgenössische Kochbücher werfen ein idealisiertes Bild auf die Küche jener Zeit – ebenso wie dies die meisten Kochbücher heute tun. Von ihnen kann allenfalls auf die herrschaftliche, aber nicht auf die Bauernküche geschlossen werden.

2.2.1. Bauernküche

Kochgefäße waren hier meist aus Ton. Sie wurden auf einem hochgemauerten Herd, unter dem das Holz gelagert wurde, zwischen die brennenden Scheite gestellt. In Besitzverzeichnissen dieser Zeit findet man zudem meist einen eisernen Dreifuß, den man ins offene Feuer stellte, um darauf eine Pfanne oder ein ähnliches Gefäß sicher abstellen zu können. Selten findet man Kessel und Kesselketten verzeichnet. Der über dem Feuer hängende, dampfende Metallkessel dürfte somit größeren, besser eingerichteten Küchen wie Kloster- oder Burgküchen vorbehalten sein.

Beim Essen war es üblich, eine dicke Scheibe Brot auf den Boden der (meist Holz-) Schale zu geben und darauf den Eintopf, der zu den Hauptnahrungsmitteln von Bauern zählte. Eintopf wurde meist den gesamten Tag über in der Nähe des Feuers warmgehalten und war dementsprechend gut durchgezogen und verkocht.

Gemauerte Backöfen befanden sich meist in einem gesonderten Backhaus und wurden von der gesamten Dorfgemeinschaft verwendet. Nur an einzelnen Tagen, den Backtagen, wurde angeheizt und nach und nach das Brot aller Familien gebacken.

2.2.2. Herrschaftliche Küche

Die Herdform – im Prinzip nur eine gemauerte Feuerstelle, die den Rest des Gebäudes vor Bränden schützt - ähnelt der Herdform bäuerlicher Häuser, dem Bedarf angepasst dürften die Herde größer oder pro Küche mehr als nur ein Herd vorhanden gewesen sein. Gemauerte Holzbacköfen dürften generell eingebaut gewesen sein. Kein Wunder bei den Mengen, die an einem - selbst kleinen - Hof für Herren, Gesinde und Wachen benötigt worden sein dürften.

In der gehobenen Küche des Mittelalters war es schick, die Nahrungsmittel zu verfälschen, etwas Neues daraus zu kreieren - ganz angelehnt an die aufblühende Kunst der Alchimie. Daher wurden Nahrungsmittel häufig - und manchmal auch mit zweifelhaften Zusätzen - gebleicht oder umgefärbt.

Der massenhafte Einsatz von Gewürzen ist aber vor allem darauf zurückzuführen, dass diese auf den langen Reisewegen zu Wasser und zu Land bereits recht ausgelaugt in den Küchen ankamen, weniger dass der Geschmack verdorbener Zutaten damit übertüncht werden sollte.

Sogar Technik konnte man in den besser eingerichteten Küchen schon antreffen. Auf einigen zeitgenössischen Bildern sind Drehspieße zu sehen, die durch ein - im Kamin angebrachtes - ‚Windrad' angetrieben wurden. Kessel dürften meist aus Eisen oder Kupfer gewesen sein, mit allen negativen Folgen durch Grünspanvergiftung, wenn der Lehrling den Kessel mal nicht richtig geschrubbt hat. Auch die Dreibeine der Bauernküche, um Pfannen und Ähnliches ins offene Feuer zu stellen, findet man hier wieder vor, aber eben auch Kessel und Kesselketten.

Mittelalterliche Tischgedecke unterschieden sich nach Zeitraum, Region und schlicht Reichtum des Hausherren. An Materialien wurde von Zinn über Messing, Kupfer, Silber bis hin zu Blei (z. B. für Trinkgefäße) alles verwendet. (So mancher frühe Herrschertod wird einem nun etwas klarer.) Trinkgefäße von Fürsten besaßen oft Deckel, um einer Vergiftung (außer durch das Material selbst) vorzubeugen. Ebenso wie Messer wurden die Trinkgefäße nur selten vom Hausherren gestellt, sondern auch Gäste brachten ihre eigenen Becher mit. Gläserne Trinkgefäße besaßen meist aufgesetzte, dornenartige Glastropfen. Diese sollten verhindern, dass die fettverschmierten Finger an der glatten Oberfläche abglitten.

Dicke Brotscheiben wurden zeitweise als Tellerersatz verwendet und saugten den Fleischsaft auf. Sie wurden aber nicht mitgegessen, sondern danach an die Bedürftigen oder die Schweine verfüttert. Messer gehörten niemals zu einer herrschaftlichen Tafel. Selbst die zarteste Jungfrau trug ein scharfes Messer am Gürtel, um es während der Mahlzeiten zu verwenden. Gabeln kamen erst im Spätmittelalter in Mode und besaßen lediglich zwei Zinken. Vorher wurde die Suppe mit dem Löffel gegessen und der Rest mit den Fingern.

Ein typisches, nützliches Utensil waren - wie auch schon zur Römerzeit - kleine metallene Siebchen, um die Gewürze aus dem Wein zu filtern.

2.3. Western

Wie bei den meisten anderen Genres auch gibt es nicht **den** Western, sondern die Zeit, die wir als den ‚Wilden Westen' kennen, durchlief mehrere Stadien. Sie begann mit der Pionierzeit, als arme Habenichtse in den Westen Nordamerikas strömten, auf der Suche nach Gold oder dem kleinen Glück auf einer eigenen Farm.

Dementsprechend spartanisch waren die ersten Siedlerhäuser eingerichtet. Einen Herd gab es nicht. Gekocht wurde im Kamin oder der Feuerstelle, über der meist eine Metallstange befestigt war. Daran hängte man mit Haken die eisernen Kessel und Töpfe auf. Häufiger Gast in einem Siedlerhaushalt war auch der – im Kapitel ‚Feuerstellen und Öfen' beschriebene – Dutch Oven aus Gußeisen. Geflochtene Körbe dienten der Aufbewahrung von Vorräten.

Die Küchenutensilien waren meist aus Holz hergestellt, aber auch aus Eisen- und Zinnblech oder Steingut. (Steingut besonders beim Einlagern, bzw. Haltbar machen von Lebensmitteln.) Emaillierte Haushaltsgegenstände dürften erst im 19. Jahrhundert wirklich in einer großen Zahl der Western-Küchen verfügbar gewesen sein.

Relativ typisch für den Westen der Pionierzeit dürften *Trencher* genannte Holzteller gewesen sein, die im Prinzip nur ein Brett mit Vertiefung in der Mitte darstellten. Gabeln und Löffel würden aus Holz, Zinn oder Horn gefertigt. Ein wichtiger Bestandteil der Western-Küche war eine Kaffeemühle. Damit wurde nicht nur der Kaffee, sondern oft auch kleine Mengen Mais für den täglichen Bedarf an Maisbrot gemahlen.

Diese sehr einfachen, fast ärmlich zu nennenden Haushaltsgegenstände brachten eine eigene Kunstform hervor: *Tole Painting*. Mit Ölfarben wurde

Holz-, Blech- oder Steinzeug in einer Nass-in-Nass-Technik mit meist floralen Motiven bemalt. *Toleware*, also handbemalte Gegenstände aus der Zeit des Wilden Westens oder des Bürgerkriegs, hat es zu Spitzenpreise auf dem Markt für Antiquitäten gebracht.

Chuck Wagon ist ein weiterer Begriff, der mit Essen im Wilden Westen verbunden ist. Unter einem Chuck Wagon versteht man den Wagen des Kochs eines Cowboy-Trecks. Dieser hatte oft einen ganz besonderen Platz in der Hierarchie des Trecks. Zum Beispiel wagte kein Cowboy seine Kochutensilien ohne Erlaubnis anzufassen oder in der Nähe des Kochfeuers Staub aufzuwirbeln. Ein Chuck Wagon enthielt alles, was während eines Trecks an Vorräten und Kochsachen gebraucht wurde: Wasser, Mais, Bohnen, Trockenfleisch, Kaffee, Gewürze und so weiter...

2.4. Kelten

Denkt man über das Genre Kelten nach, muss man sich erst einmal darüber klar werden welche keltische Ära man meint. Keltische Kultur hat sich fast überall dort erhalten, wo man heute noch auf gälische Sprachen trifft oder auf Fragmente davon. (Anmerkung: Allerdings gibt es hier wissenschaftliche Differenzen. Nicht jeder Historiker zählt die Kulturen, die für den Normalbürger keltische Überbleibsel sind wie z. B. Schotten, Iren oder Waliser, auch zu den tatsächlichen Erben der eisenzeitlichen Festlandkelten).

Geht man nun erst einmal von den eisen- oder hallstadtzeitlichen Kelten aus, herrschte bei diesen Ess- und Kochgeschirr aus Ton und Holz vor. Glas- und Metallgegenstände waren bekannt (Glas wurde meist aus dem Mittelmeerraum importiert), blieben allerdings den Fürsten vorbehalten. Auch Emaillierungstechniken waren bereits den Kelten bekannt, wurden aber vor allem in der Schmuckherstellung verwendet und dürften bis zur Industrialisierung keine Rolle in der Küche gespielt haben. Keltische Alltagsgegenstände wurden oft künstlerisch verziert.

Für dieses Kochbuch sind wir von der Laien-Definition ausgegangen, dass Iren, Schotten und Waliser und daraus folgend auch die englische Küche in nicht unwesentlichem Maße von ihrem keltischen Erbe geprägt wurden. Somit ist eine typisches Küchenutensilie mit keltischen Wurzeln der ‚Spurtle', mit dem man zum Beispiel Porridge rührt. Der Spurtle sieht aus wie ein Mini-Baseballschläger und aus ihm - oder parallel dazu - entstand der ‚Spatula'. Der Spatel, der in seiner Holz- oder Kunststoff-Variante („Sagen sie mal Aaaa!") aus keinem Arztzimmer wegzudenken ist und in Holz oder Metall auch weiterhin in Küchen anzutreffen ist. (Zum Beispiel um Gebäck vom Backblech zu lösen.)

Die Ausrüstung der mittelalterlichen oder neuzeitlichen Kelten dürfte der anderer Völker zur gleichen Zeit entsprochen haben – vielleicht jeweils höchstens etwas nach hinten versetzt, da keltisch stämmige Völker leider mehr als einmal in der Geschichte sowohl sozial als auch ökonomisch benachteiligt wurden.

2.5. Gaslight

Das viktorianische Zeitalter brachte deutlich größere Umwälzungen im Bereich der Lebensmittelzubereitung und der dazu zur Verfügung stehenden Ausrüstung als alle Jahrhunderte zuvor. Die Industrialisierung brachte auf der einen Seite großen Reichtum für einen kleinen Teil der Bevölkerung und Armut für einen deutlich größeren Teil. Es war die Blütezeit des Dienstbotenberufs, denn mit dem Wegfall vieler Arbeitsplätze in der Produktion suchten viele verzweifelt nach einer Möglichkeit, ihren Lebensunterhalt zu bestreiten, und die neue Oberschicht hatte hohen Bedarf an Personal. In dieser Zeit entstand auch das Sprichwort *‚Zur Minna machen'.* Es geht auf den häufigen Wechsel der Dienstmägde in den Haushalten zurück. Sie wurden regelmäßig schon bei kleinen Verfehlungen auf die Straße gesetzt und der freie Posten umgehend neu besetzt. Um sich nicht ständig an einen neuen Namen gewöhnen zu müssen, wurden die Dienstmädchen - im deutschsprachigen Raum - daher meist Wilhelmine gerufen oder mit der Abkürzung dieses Namens: Minna.

Mit der Erfindung der Konservendose wurden auch die Möglichkeiten der Haltbarmachung von Lebensmitteln deutlich erweitert. Ein völlig neuer Gegenstand hielt Einzug in die Küchen: Der Dosenöffner. (Patentiert: 1858)

Typisch für die viktorianische Ära waren ausladende, verzierte Eisenherde mit mindestens einer Backröhre, einer Röhre zum Warmhalten und einem Wasserbehälter, aus dem man ständig heißes Wasser entnehmen konnte. In den herrschaftlichen Häusern dieser Zeit wurden die Küchengeräte zunehmend aus Metall gefertigt, da deren Herstellung im Zuge der Industrialisierung deutlich einfacher war als in den Jahrhunderten zuvor.

Nachdem die europäischen Porzellanmanufakturen Ende des 18. Jahrhunderts durch schwere Zeiten gingen, erlebten sie in der Mitte des 19. Jahrhunderts eine neue Blüte, sicher dadurch bedingt, dass die durch die Industrialisierung wohlhabenden Haushalte ihren Reichtum durch feines Porzellangeschirr vor den Gästen präsentieren wollten. Die Ausgestaltung einer herrschaftlichen viktorianischen Tafel dürfte daher mit einem üblichen Con-Budget eine deutliche Herausforderung werden... auch wenn es nicht zwingend nach Meißen aussehen muss. Im Bereich der Dienstboten dürfte man vor allem die gröberen Tischgeschirre aus Steingut vorgefunden haben.

Obwohl das Prinzip des Kühlschranks schon im 19. Jahrhundert erfunden wurde, dauerte es bis in die 30er Jahre des 20. Jahrhunderts, bevor er auch für Privathaushalte verfügbar war. In der viktorianischen Zeit fand man dafür häufiger Eiskeller oder Eishäuser vor. Dort wurden im Winter komprimierter Schnee oder ausgesägte Eisplatten eingelagert, die über mehrere Monate den Keller sehr kühl hielten.

2.6. Darkover

Nur ein Wort: Holz!

Darkover ist ein metallarmer Planet, aber reich an Wäldern und bei Bodenschätzen an Silikaten, daher wurden Techniken entwickelt, Holz auch für ungewöhnliche Verwendungszwecke zu härten (z. B. Wasserhähne aus Holz). Metall ist extrem teuer und oft von nicht besonders hoher Qualität. Diese wertvollen Reserven werden vor allem für Werkzeuge benötigt und dürften nur in den aller seltensten Fällen für Küchengeräte verschwendet werden. Metallene Kessel und Pfannen dürften daher den Comyn-Haushalten vorbehalten sein, aber auch dort besteht vermutlich jedes Utensil das nicht zwingend aus Metall sein muss, aus Holz oder Keramik. Allerdings wird erst in den ‚späteren' Darkover-Büchern über Keramik-Manufakturen berichtet (in ‚*Exiles Song*' betreibt die Lady von Ardais eine Keramik-Manufaktur).

Tischgeschirr aus Metall existiert lediglich als Importware aus der Föderation (Danvan Hastur besitzt in ‚*The Heritage of Hastur*' ein Kaffeeservice aus Silber). Stein bzw. Kristalle sind auf Darkover ebenfalls keine Mangelware. Der durchsichtige Stein, aus dem im Tiefland sogar die Häuser erbaut werden, und andere Kristallarten, dürften zu elegantem Geschirr verarbeitet werden und die Tafeln der *Comyn* schmücken. Auch Besteckteile dürften - außer in den Adelshäusern - aus Holz gefertigt sein. Messer sind kein Bestandteil eines Tischgedecks. Wie im mittelalterlichen Europa trägt jeder Darkovaner sein eigenes Mehrzweckmesser bei sich, welches unter keinen Umständen verliehen wird. Darkovaner sind ein extrem kunstliebendes Volk. Sämtliche Küchen- und Tischgeschirre sind daher vermutlich mit Schnitzereien verziert oder bemalt.

Was den, bzw. die Raumhafen in Thendara und Caer Donn betrifft, wird immer wieder die sterile Schlichtheit erwähnt. Die Ressourcen der Föderationsbasis sind begrenzt. Zwar kennt man hier eine Art Replikation, erschaffen werden aber nur Geschirrteile die an Pappbecher oder Teller erinnern. Angehörige der Raumflotte müssen bei jeder Versetzung fast ihren gesamten Besitz verkaufen, weil der Transport zuviel Geld kosten würde. So erwerben sie meist nur schmucklose Gegenstände ohne großen Wert. Private Verpflegung durch echtes Kochen ist nahezu unbekannt.

2.7. SciFi

2.7.1. Babylon 5

Im deutschsprachigen Raum scheint es (noch) keine Babylon 5-Cons zu geben. Dennoch möchten wir kurz auf dieses beliebte SciFi-Genre eingehen.

Die Erde ist von Babylon 5 weit entfernt. Erdtypische, frische Lebensmittel sind daher ein sündhaft teurer Luxus und deren Zubereitung wird von den Bewohnern der Station geradezu zelebriert. (z. B. als sich der Sicherheitschef Garibaldi die Zutaten für eine Spaghetti aglio e olio einfliegen lässt oder der Ranger Marcus Susan Ivanova mit einem echten Spiegelei überraschen lässt.)

Für die einzelnen Spezies wurden typische Geschirr-Stile entworfen. Bei den Minbari überwiegen leichte, geschwungene Gegenstände aus Glas, bei den Centauri wirkt auch das einfachste Gefäß noch übertrieben pompös (mit einer Vorliebe für Pokale) und bei den Narn archaisch.

In den öffentlichen Restaurants überwiegen Gegenstände aus Glas, teilweise interessant geformt oder eingefärbt, teilweise Star Trek-artig schlicht.

2.7.2. Star Trek

Star Trek verwendet extreme, fast sterile Schlichtheit um einen futuristischen Eindruck zu erzeugen, aber große Innovationen im Geschirrdesign gibt es nicht. Nur selten ist überhaupt eine Küche zu sehen und schon in TOS (The Original Series) existiert an Bord der Schiffe ein System von Lebensmittel-Bereitern, die in TNG (The Next Generation) zu Replikatoren wurden. Dennoch gibt es auch mindestens eine Großküche an Bord, die wohl vor allem für besondere Anlässe benutzt wird. (Zu sehen in Star Trek VI: Das unentdeckte Land) Sämtliche Oberflächen und die meisten Küchengegenstände bestehen aus Stahl und es herrschen gerade Formen vor. TOS Geschirr erinnert mitunter an die TV-Dinner Tabletts der 50er und 60er Jahre, beziehungsweise an Kantinen-Ausstattung.

In TNG ist die Möglichkeit selbst frisch zu kochen scheinbar noch eingeschränkter. Die Schiffe haben eine weitere Reichweite, sind länger unterwegs und es ist noch problematischer frische Vorräte für mehrere hundert Mann Besatzung zu transportieren. Frische Lebensmittel sind Luxusgüter und die Zubereitungsmethoden scheinen sich auf solche zu beschränken, die direkt am Tisch möglich sind (heiße Steine, Fondue, Raclette o. ä.). Erst in einer der späteren Staffeln scheint zu,mindest Keiko O'Brian für ihre Familie frische Nahrung zuzubereiten. Ein Zustand der sich in DS9 leicht verändert, da ein Planet in unmittelbarer Reichweite ist und Lebensmittel - nachdem sich die bajoranische Landwirtschaft etwas erholt hat - leichter zu erhalten sind.

Die hauptsächliche Nahrungsquelle ist aber immer noch der Replikator, und die Geschirrteile die repliziert werden sind eher schmucklos. Gerade Formen dominieren und so manches IKEA-Pressglas erinnert frappierend an Replikatorware - oder umgekehrt.

Auffällig ist - in den späteren Seasons und während DS9 - das gehäufte Vorkommen von Trinkgefässen die eins zu eins den im Handel erhältlichen Travel- oder Car-Mugs entsprechen. Dabei handelt es sich um Isolierbecher aus Stahl oder Aluminium, die tropfsicher verschlossen werden können und oft so geformt sind, dass sie in Becherhalter von Fahrzeugen passen. Diese Becher kann man in verschiedenen Formen bei *Globetrotter* über *Thinkgeek* bis hin zu *Starbucks*-Läden finden.

Spätere Serien wie *Voyager* oder *Enterprise* möchten wir aus der Analyse von Star Trek-Ausrüstung ausschließen. Bei Voyager taucht das Thema Essen und kochen zwar überdurchschnittlich häufig auf, aber gerade bei Neelix' Küche handelt es sich um eine im Star Trek Universum einmalige Ausnahme, die nicht auf ein durchschnittliches Star Trek-Con durchschlagen sollte. Enterprise bricht leider in vielen Punkten mit früher verfilmten Serien und ist daher als Vorlage nur bedingt geeignet.

Beim Geschirrdesign der zahlreichen fremden Spezies waren die Star Trek-Macher nicht kreativer als beim Aussehen der Nasenrücken- oder Stirnhöcker-Aliens selbst. Es dominieren die Materialien Stahl, Glas und Keramik und die Designs unterscheiden sich nur wenig vom Föderations-Standard. Fremdartigkeit wird oft durch in sich verdrehte Formen bewirkt. Nur selten kristallisiert sich ein Gegenstand heraus der für eine Rasse typisch ist, wie z. B. die klingonischen Trinkbecher. Diese bestehen aus konzentrischen Metallringen und einem verbreiterten Rand. Für das genaue Design können die zahlreichen Klingonen-Fansites herangezogen werden. (siehe Quellen)

2.7.3. Star Wars

Everything goes.

In den Star Wars Filmen wird auf Essen, Trinken und Geschirrdesign leider, leider nicht sonderlich viel Zeit verschwendet. Auch in den ‚Star Wars Chroniken' erhalten wir nur einen winzigen Einblick in die Küche von Luke Skywalkers Pflegefamilie. Darin bestehen alle Oberflächen aus hellem Kunststoff mit abgerundeten Kanten, man sieht einige geheimnisvolle Geräte und ein wenig Kunststoff- und Metallgeschirr. Das war's auch... Tatooine gehört allerdings nicht zum Imperium, sondern ist ein unbedeutender Außenplanet. Das Imperium selbst besteht aus unzähligen Planeten mit unzähligen Gegebenheiten und Völkern, daher hier nur unser Rat:

Sucht das ausgeflippteste Geschirr das ihr findet und verwendet es. Mindestens so ausgeflippt wie George Lucas' Aliens.

2.7.4. Endzeit

Welchen Ausgangspunkt ein Endzeit-Con auch wählt... irgendwie ist die bisherige Zivilisation untergegangen - ob nun durch einen Kometen, durch die Atombombe, Maschinen oder schlicht durch massiven Raubbau an der Natur. Die Überlebenden Menschen und Mutanten schlagen sich mit dem herum das aus scheinbar besseren Zeiten übrig blieb. Theoretisch ist somit jede Form von Küchen- und Geschirrausrüstung denkbar, in vielen (Film-)Vorlagen herrscht allerdings Blech vor. So löffelt Neo in ‚Matrix' undefinierbaren Glibber aus etwas das frappierend wie das Unterteil einer Blech-Brotdose wirkt und ‚Tank Girl' sowie die Ripper dinieren mit Zinnblechgeschirr.

Verdelltes Armeegeschirr bringt also von Hause aus das Endzeit-Flair mit sich. Wer es lieber individuell mag dengelt sich sein Ess- und Kochgeschirr aus alten Konservendosen. Praktisch für Endzeit-LARPs sind sicher auch Berghaferl als Symbiose zwischen Tasse, Schüssel und Schöpflöffel.

Nimmt man dagegen Vorlagen wie die Serie ‚Tripods', so lebt die normale Bevölkerung in einer rückschrittlichen Kultur, die z. B. an den Beginn des 20. Jahrhunderts - und damit das Genre ‚Gaslight' – erinnert.

3. Nützliche Ausrüstung für zu Hause

Neben der üblichen Küchenausrüstung zu Hause, die auch einen Mixer oder Pürierstab umfassen sollte, sind ein Dörrgerät und ein Vakuum-Schweißgerät eine Anschaffung wert. Weil die Geräte nicht unbedingt preiswert sind, lohnt es sich in er Gruppe zusammenzulegen und sie bei dem Gruppenmitglied zu deponieren das ohnehin meist für die Verpflegung zuständig ist. Vakuumverpackte Lebensmittel sind zwar dem Ambiente nicht zuträglich, aber - wie im Kapitel ‚Lebensmittel vorbereiten und aufbewahren' nachzulesen - der Gesundheit zuträglich. Aus Fairness den anderen Spielern gegenüber packt man sie am besten im Zelt aus und trägt sie dann erst zum Kochfeuer.

Feuerstellen und Öfen

Die meisten Live-Rollenspieler benutzen auf Selbstversorger-Cons Camping-kocher, billige Feuerschalen aus dem Baumarkt oder kleine runde Gusseisengrills. Während die beiden letzteren in vielen Genres nicht unbedingt nach Stilbruch aussehen, ist der Campingkocher ungetarnt höchstens für SciFi oder Endzeit-LARPs zu empfehlen.

Natürlich gibt es auch die Möglichkeit, außergewöhnliche Feuerstellen oder Öfen selbst zu bauen. Der Aufwand ist dabei unterschiedlich groß und die Möglichkeiten der Gegend müssen beachtet werden. (Gibt es Feldsteine? Bodenbeschaffenheit?) Vor allem aber muss man vor dem ersten Spatenstich in Erfahrung bringen, ob der Selbstbau auf dem angemieteten Platz überhaupt zulässig ist. Viele geschwärzte Stellen oder Kuhlen, über die sich der Besitzer ärgern muss, ‚verbrennen' die Location für zukünftige LARPs.

Aber neben diesen eher ‚kosmetischen' Problemen gibt es gerade beim Umgang mit Feuer Sicherheitsregeln.

Ein erster Rat, weil wir die negativen Beispiele so oft sehen mussten:

FEUER IMMER VON UNTEN LÖSCHEN!

Ist ein Feuer erst einmal außer Kontrolle geraten, steht hoffentlich das Löschwasser irgendwo schon bereit. Dies solltet ihr nicht verschwenden, indem ihr es unkontrolliert von oben in die Flamme gießt. Das qualmt zwar mächtig und zischt gut, hilft aber wenig.

Indem man das Wasser von vorne in den unteren Teil des Brandherdes schüttet, greift man die brennende Quelle direkt an und verdampft das - in diesem Moment immens wertvolle - Wasser nicht wirkungslos an den heißen, hochleckenden Flammen.

Wenn ihr Sand zur Verfügung habt, ist es eine sehr gute Idee, damit das Feuer zu ersticken. Doch nun zur Praxis:

1. Feuerstellen

Vergewissert euch zuerst, dass am Veranstaltungsort offene Feuer zulässig sind und keine Waldbrand-Warnungen bestehen.

Wenn keine Feuerschale vorhanden ist und auf dem Platz Feuer auf dem Boden angelegt werden darf, sollte man das Gras dennoch schonen indem man es in Soden aussticht und diese bis zur Abreise an einem sicheren Platz verstaut. (Zwischendurch mal befeuchten kann bei längeren Cons nicht schaden.)

Zusätzlich sollte das Feuer mit Feldsteinen umkreist werden, damit es nicht auseinanderrollen und Gegenstände in der Umgebung entzünden kann. Das ist auch dann ratsam, wenn das Feuer auf Sand oder Kies angelegt wird.

Als nächstes muss Brennmaterial und Zunder gesammelt werden. Meist ist das Wildsammeln von Brennholz im Wald nicht einfach gestattet, für einen geringen Obolus kann man beim zuständigen Förster jedoch das Recht erwerben, Unterholz in einem bestimmten Waldabschnitt sammeln zu dürfen.

Nadelholz brennt schneller, raucht stark und verursacht Funken. Es bildet nur schwache Glut. Laubhölzer brennen nicht so gut an, halten dafür über einen längeren Zeitraum gut Hitze. Wenn ihr nicht genug trockenes Holz findet, schichtet ihr es für den späteren Gebrauch in der relativen Nähe eines bereits brennenden Feuers auf, um es langsam zu trocknen.

Gute Lagerfeuer sind keine guten Kochfeuer. Lagerfeuer sollen wärmen und vor allem eine ambientige Stimmung bringen. Sie sind groß, hoch und lodernd. Wenn dabei noch im Topf gerührt werden soll, sind die Pfoten und ebenso die teure Gewandung schnell verbrannt.

Kochfeuer sollten gemäß ihrem Zweck angelegt werden. Flächige Glut zum Grillen; kleine, konzentrierte, niedrig aber heiß brennende Feuer zum Kochen. Die am häufigsten benutzte Feuerform (weil auch am bekanntesten) ist das Stern- oder Tipifeuer. Bei diesem wird ein kleines Feuernest aus Zunder und Zweigen aufgebaut. Darüber schichtet man stern- oder kegelartig daumendicke Zweige oder dünne Stämme; zum Anbrennen am besten Nadel- und Laubhölzer gemischt.

Eine andere, nützliche, aber auch etwas aufwändigere Feuerform ist das Grubenfeuer. Hierbei hebt man eine runde Grube aus und stellt Äste senkrecht an der Grubenwand auf, die nur knapp über den Rand der Grube hinausragen. In der Mitte der Grube entzündet man das Feuer so, dass die Äste in Brand gesetzt werden. Das Feuer konzentriert die Hitze nach oben, ist also ideal zum Kochen oder an sehr windigen Tagen. Über eine derartige Grube kann man auch gut einen Grillrost legen, wenn man das Dreibein zu Hause vergessen hat.

Weitere Möglichkeiten, ein Dreibein zu ersetzen, sind drei stabile grüne oder gewässerte Äste, die über dem Feuer zusammengestellt und zur Not noch mit etwas Kordel gesichert werden können. Oder aber man sucht zwei relativ gerade Äste mit je einer Gabelung, die senkrecht eingegraben werden. Darüber legt man einen relativ geraden Ast oder - falls vorhanden - einen Grillspieß. (Nein, dem Nachbarzelt die Mittelstange klauen gilt nicht! ;-)) Legt man das Kochfeuer darunter länglich an, kann man hier gut in zwei Töpfen gleichzeitig kochen.
Ein, zwei Löffel feine Holzasche auf eine Schüssel Wasser ersetzen übrigens das Spülmittel.

Ist das Con vorbei, räumt man die Kochstelle wieder auf, befreit sie von Fremdkörpern wie Steinen, Metallteilen oder Glassplittern, setzt die Grassoden wieder ein und tritt sie vorsichtig fest. Die Holzasche kann als Dünger fein verteilt werden. (Dies sollte unterbleiben, wenn in irgendeiner Form imprägniertes Holz verbrannt wurde).

2. Backen

Will man nicht gleich einen ganzen Eisenherd mitschleppen, gibt es zwei praktikable Methoden, auf einem Live-Rollenspiel zu backen.

Die Topf-in-Topf-Variante

Auf den Boden eines größeren Topfes werden kleine Steine als Platzhalter gelegt. Den zweiten Topf, der als improvisierte Backform den Teig enthält, stellt man so hinein dass zu den Wänden des Außentopfes ein Zwischenraum bleibt. Nun wird der große Topf mit einem Deckel abgedeckt und über das Kochfeuer gestellt. Wenn die Wände des Außentopfes dick genug sind, also nicht direkt durchglühen, kann mit einer Schaufel etwas Glut auf den Deckel gelegt werden.

Der Feldsteinbackofen

Feldsteine kegelförmig aufschichten und oben einen kleinen Abzug offen lassen; der Durchmesser der Basis sollte ca. 30 cm betragen. Von außen kann der Kegel mit Erde abgedichtet und stabilisiert werden und vorne muss eine Öffnung bleiben, die groß genug ist, das Backwerk hinein zuschieben. Nun wird zuerst ein kleines und heißes Feuer entzündet, das im Kegel bleibt, bis die Glut herunter gebrannt ist. Vorsichtig die noch heiße Glut aus dem Kegel fegen und das Backwerk hineinschieben. Die Öffnungen mit Steinen verschließen und das Backwerk im Steinbackofen lassen, bis der abgekühlt ist. Diese Art Ofen eignet sich nicht nur für kleine Brote, Brötchen oder Kuchen, sondern auch für Backfisch oder Aufläufe.

3. Dutch Oven

Teuer aber praktisch und auf jeden Fall eine Überlegung wert, wenn man regelmäßig im Freien für mehrere Menschen kocht, ist der Dutch Oven. Vollständig aus Gußeisen, eignet er sich für Eintöpfe, Gulasch, Brat- und Schmorgerichte und als perfekter Kleinbackofen. Es sind speziell auf den Dutch Oven zugeschnittene Kochbücher im Handel.

Neben dem reinen Anschaffungspreis - der zwischen 30 und 400 Euro liegt - schlägt Zubehör wie Deckelheber oder Kohlezangen ein Loch ins Budget. Bezugsquellen für den Dutch Oven findet ihr im Anhang.

4. Exotisches

Eine eher exotische und heutzutage nur schwer durchführbare Methode ist der Topf ohne Topf. Dazu gräbt man ein Loch von Topfgröße in den Boden und kleidet dieses wasserfest aus, z. B. mit der frisch abgezogenen Rückenhaut eines erlegten Tieres.

In diesen Erdtopf gibt man nun Wasser und die zu kochenden Zutaten und erhitzt in einem nahen Feuer Steine (im Idealfall Quarzsteine). Die heißen Steine taucht man mit einer Zange ins Wasser des Erdtopfs und wiederholt den Vorgang so lange, bis die Suppe gar ist.

Eine extrem zeitaufwendige und unhandliche Methode, die aber schon seit der Altsteinzeit bekannt war.

Der Erdofen ist mit unseren heutigen Mitteln (denn wer hat schon ein legal frisch erlegtes Tier griffbereit?) einfacher umzusetzen, aber immer noch aufwendig. Hierzu wird eine Grube ausgehoben, die zuunterst mit großen Blättern oder z. B. Flachsfasern ausgelegt wird (vermutlich kann man auch ein Leinentuch in der entsprechenden Größe verwenden). Darauf verteilt man eine Lage der Lebensmittel, z. B. Wurzeln, Knollen oder auch in Blätter eingeschlagenes Fleisch oder Fisch. Diese werden mit heißen Steinen bedeckt, auf denen man Kräuter auslegt. Dann wird erneut mit Flachs abgedeckt und zuletzt setzt man die ausgestochenen Grassoden wieder auf die Grube und drückt sie fest, so dass weder Wärme noch Dampf entweichen kann.

Nach ca. einer Stunde sollte der Inhalt des Erdofens gegart sein, vorausgesetzt die Steine waren noch heiß und die Abdeckung sorgfältig genug. Interessant ist diese Methode vor allem bei der Darstellung stein- oder eisenzeitlicher Kulturen, aber sie ist bei diversen Völkern, z. B. in Neuguinea, noch immer in Gebrauch.

5. Sicherheitstipps

- Beachte Warnungen wegen Trockenheit und Waldbrandgefahr. Wind trägt die Funken oft weit.
- Entzünde offene Feuer im Wald nur auf ausgewiesenen Grillplätzen. LARP ist kein Survival-Trip, die Situation, dass man in absolut offener Natur essen müsste, kommt so gut wie nie vor. Selbst Wander-Cons sollten als Etappenpunkte offizielle Grillstellen anlaufen.
- Halte immer Wasser, Sand oder eine Decke zum Löschen bereit.
- Entferne alle brennbaren Gegenstände aus der unmittelbaren Entfernung des Kochfeuers.
- **Lösche brennendes Fett nie mit Wasser!**
- Entzünde ein Feuer nur auf einem ebenen Untergrund; zur Not schaffe diesen. Am Hang ist ein brennender Ast schnell ins Zelt weiter unten am Hang oder in eine gut brennbare Hecke gekullert.
- Entzünde Feuer nie direkt auf einem Felsen, sondern schaffe ein kleines Sandbett. Hitze kann Felsen sprengen.
- Vorsicht mit imprägnierten Hölzern o. ä. bei Feuern zum Grillen und Kochen. Bestenfalls schmeckt es nur zum Weglaufen, schlimmstenfalls ist es gesundheitsschädlich.
- Vorsicht mit Steinen, die ihr aus Bächen oder Seen gesammelt habt. Sie könnten noch Wasser enthalten und platzen, wenn sie neben oder ins Feuer gelegt werden.

- **Es ist nicht witzig, Pyrotechnik in ein Kochfeuer zu werfen.** Bestandteile davon könnten ins Essen geschleudert werden, das Grillfleisch verderben oder den Koch ankokeln.
- Und zuletzt der Evergreen: Nein, Brandbeschleuniger wie Benzin, Petroleum oder Spiritus ins Feuer zu schütten, damit es besser brennt, ist keine gute Idee. Nein, auch nicht, wenn man ganz, ganz vorsichtig ist. KEINE BRANDBESCHLEUNIGER EINSETZEN – egal unter welchen Umständen!

Mengenberechnung

Von allen Sünden, die ein LARP-Koch begehen kann, kommen hungrig gebliebene Spieler noch vor Spielern, denen das Essen nicht geschmeckt hat. Dies gilt besonders auf Cons mit Vollverpflegung, auf denen die Esser keine echte Ausweichmöglichkeit besitzen, wie zum Beispiel an den restlichen Vorräten naschen zu gehen, oder für Feldküchen mit Vorbestellung, bei denen nicht alle Angemeldeten ausreichend versorgt werden können.

Kalkuliert ein LARP-Koch zu großzügig, wird das meist ohnehin schmale Budget gesprengt und die Reste verderben.

Die korrekte Berechnung der Mengen ist auch eine Sache der Erfahrung. Dennoch möchten wir versuchen, Richtlinien mitzugeben, die aktive und künftige LARP-Köche vor größeren Unfällen und frustrierten Spielerhorden bewahren.

Zahlen

Dieser Abschnitt handelt von lange bekannten Faustregeln bei der Mengenberechnung, wie sie in beinahe jeder Publikation zu guter Haushaltsführung des letzten Jahrhunderts zu finden sind. Sie wurden anhand eines durchschnittlichen Kalorienbedarfs aufgestellt und gelten für je 1 Person und je eine Mahlzeit, die aus Fleisch, Fisch und Beilagen besteht, bzw. 1 normales Frühstück (kein Brunch!). Besondere Belastung durch starke körperliche Aktivität bzw. Kälte ist in diesen Durchschnittsangaben nicht vorgesehen!

- Brot zum Frühstück: 150 g
- Suppe als Vorspeise: 0,15 - 0,25 l
- Eintöpfe, oder Suppe als Hauptspeise: 0,5 - 0,7 l
- Brot zu Suppe oder Eintopf: 50 g
- Eier: 1 - 2 Stück
- Fisch: 250 g
- Geflügel: 250 - 300 g

- Suppenfleisch mit Knochen: 150 g
- Fleisch ohne Knochen: 100 g
- Roulade, Gulasch: 150 g
- Soße: 0,05 - 0,15 l
- Frischgemüse: 200 - 350 g
- Teigwaren als Beilage: 60 - 100 g
- Teigwaren als Hauptgericht: 120 - 150 g
- Reis: 50 - 80 g
- Polenta (Maisgrieß): 50 g
- Hülsenfrüchte: 80 - 150 g
- Kartoffeln, geschält 125 - 200 g
- grüner Salat: 1 Kopf pro 4 Personen
- Pudding und ähnlicher Nachtisch: 0,15 - 0,20 l
- Tee, Kaffee, Milch, Kakao zum Frühstück: 0,3 – 0,5 l
- Tee zum Essen: 0,3 l
- Tee oder isotonische Getränke für Vesperpakete: 1 l
- Butter zum Frühstück: 15 g
- Aufschnitt: 15 g
- Joghurt oder Quark: 75 g
- Konfitüre: 20g
- Käse: 30 g

Und für besondere Veranstaltungsorte ohne Trinkwasseranschluss:

- 2 - 5 l Trinkwasser pro Tag und Spieler zum Trinken.
- 1 - 2 l Trinkwasser pro Tag und Spieler zum Kochen.

Umstände, die die Mengenberechnung beeinflussen

- **Anzahl der Teilnehmer:** Je größer die Gruppe wird, um so weniger zutreffend sind die Einzelmengen. Aus dem Mittel zwischen Viel- und Wenigessern ergeben sich niedrigere Gesamtmengen.
- **Art der Teilnehmer:** Ein Orklager voller stämmiger Spieler wird deutlich größere Mengen verputzen (ungefähr das Doppelte) als ein Elfenlager. (Von Spielern ausgehend, denen man die Elfe/den Elb auch abnimmt.)
- **Con-Art:** Auf einem Schlachten- oder Wandercon ist der Energiebedarf der Spieler höher, es muss also mehr gekocht werden. Auf Ambiente- oder Hofhaltungscons wird zwar mehr Zeit mit dem Essen verbracht, aber die dabei zu sich genommenen Mengen sind geringer, da der Magen im Allgemeinen mehr Zeit hat, seine Sättigung zu melden.
- **Wetter:** Bei warmen Temperaturen wird weniger gegessen als bei kühlem oder gemäßigtem Wetter. Ist es draußen sehr heiß, sollte viel Tee und andere Getränke bereitgestellt werden, die sowohl den Flüssigkeits- als auch den Elektrolythaushalt ausgleichen. Hier werden gerne leichte Mahlzeiten angenommen: leichte Salate (kein Mayonnaisedressing), Kaltschalen, geeiste Suppen. Bei sehr kaltem Wetter (Frost) steigt der Energiebedarf der Spieler noch einmal an. An heißen Tagen steigt der Flüssigkeitsbedarf der Spieler auf bis zu 5 Liter. (Bei Rüstungsträgern eventuell noch höher.)
- **Zusammenstellung des Essens:** Kohlehydratreiche Nahrung gibt ihre Energie schnell ab. Gut für Krieger. Jedoch fällt die Energiekurve schnell wieder und der Hunger stellt sich früher ein als bei eiweißreicher Nahrung. Diese gibt ihre Energie langsamer ab, hält den Pegel aber länger. Ballaststoffreiche Nahrung ist gesund und stellt ein schnelleres Sättigungsgefühl her, gibt aber weniger Energie ab. Gerade auf Cons mit hoher körperlicher Aktivität sollte das Essen nicht <u>hauptsächlich</u> ballastoffhaltig sein.
  Eine Beobachtung, die man selbst machen kann: Nach reinen Kohlehydrat-Mahlzeiten (z. B. Nudeln) stellt sich eine ‚Verdauungslethargie' ein und die Spieler sind schon ein oder zwei Stunden nach dem Mittagessen auf der Suche nach einer Zwischenmahlzeit. Besser sind Mahlzeiten mit ausgewogenem Kohlehydrat-Eiweiß-Verhältnis (z. B. Eintopf aus eiweißreichen Hülsenfrüchten mit Brot, Kartoffeln mit Quark...).

Fallstricke

- **Anbrennen:** Während die Suppe in einem 60 l-Topf oben noch kalt ist, kann sie unten schon anbrennen. Ständiges Rühren - am Boden des Topfes, nicht irgendwo in der Mitte - ist überaus wichtig.

- **Durchgaren:** Große Fleischstücke oder große Fische benötigen lange Zeit, um durchzugaren. Während der Braten von außen toll aussieht oder bald schon verbrennt, kann er innen noch roh sein. Küchenthermometer helfen, die Temperatur auch im Inneren zu bestimmen.

- **Gewicht:** Vierzig Liter Suppe wiegen mehr als vierzig Kilo. Rechtzeitig daran denken, dass der Kessel noch vom Haken gehoben werden muss, und lieber Hilfe holen, als das Essen für 60 Mann über den Fußboden zu verteilen. Risotto ist zwar lecker und macht satt, wer aber schon mal Risotto für 6 Personen gerührt hat, weiß, dass diese Menge schon eine Knochenarbeit darstellt. Größere Mengen Risotto sollten in kleinere Portionen aufgeteilt werden... oder man engagiert schon mal ein bis zwei kräftige Krieger zum Rühren.

- **Kochdauer:** Wenn für große Gruppen gekocht werden muss, steigt die Zeit, die benötigte Menge Wasser aufzuheizen, entsprechend an. Auch die benötigte Zeit zum Putzen und Schneiden der Zutaten vervielfacht sich. Ein LARP-Koch, der große Gruppen versorgt, beginnt im Allgemeinen direkt nach dem Frühstück mit den Vorbereitungen fürs Mittagessen und nach dem Mittagessen mit den Vorbereitungen fürs Abendessen.

- **Der Neugier-Faktor:** Wird für z. B. Vegetarier gesondert Essen zubereitet, so findet man oft die Fleischesser am Vegetarier-Trog wieder, einfach weil es nicht das Massenessen ist und ihnen vielleicht tatsächlich sogar besser schmeckt. Der Effekt könnte sein, dass die Vegetarier dann nicht satt werden, schlimmstenfalls sogar ganz leer ausgehen. Hier kann es besser sein, die Sonderbestellungen einzeln auszugeben. Beim Zubereiten sollte daran gedacht werden, dass auch Vegetarier manchmal einen Nachschlag wollen.

Kleine Zutatenkunde

1. Beeren & Früchte

Äpfel: Dürften die älteste bekannte Obstsorte überhaupt sein und gehören zur Familie der Rosengewächse. Auf der ganzen Welt verteilt wurden 25 isolierte Genpools des Apfels gefunden und durch den modernen Mensch miteinander in Verbindung gebracht und gekreuzt. Eine Urform, die in Mitteleuropa verbreitet war, ist der Holzapfel. Er verfügt nur über kleine Früchte von unter 3,5cm Durchmesser, die einen bitteren Geschmack aufweisen. Als Wildobst hat der Holzapfel heute keine Bedeutung mehr. Man schätzt ihn lediglich als Bienenwiese oder verwendet ihn - selten - zur Likörherstellung.

Beeren: So gut wie alle Beerenfrüchte gehören seit der Steinzeit zum Nahrungsangebot der Menschen. Für Mittelalter-LARPs ist bestenfalls interessant, dass Cranberries aus Amerika stammen, aber sie sind der europäischen Kronsbeere und Preiselbeere ähnlich genug, um notfalls als diese durchzugehen. Himbeeren, Brombeeren, Heidelbeeren, Walderdbeeren und Preiselbeeren gibt es in der passenden Jahreszeit auch in der freien Natur zu ernten.

Birnen: Auch die Birne ist in Europa schon lang weit verbreitet. Kleine, feste Sorten wurden auch zu Fleischgerichten verwendet (in Norddeutschland isst man noch heute Birnen, Bohnen und Speck), und getrocknet fanden sie als Hutzeln oder Kletten in viele Gerichte und Backwerk Eingang.

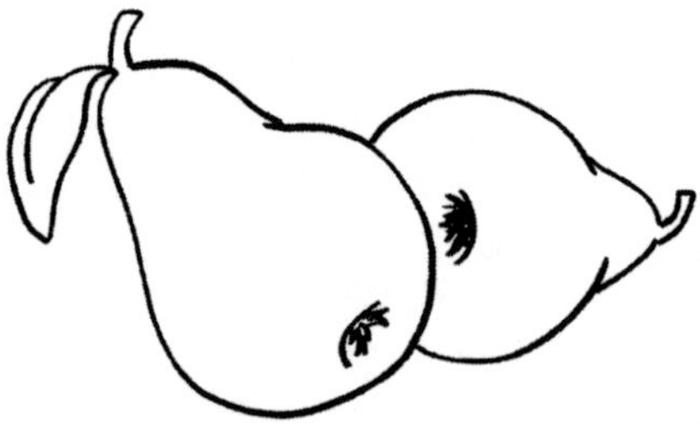

Kernobst allgemein: Reichliche Kernobstfunde in mittelalterlichen städtischen Abfallgruben deuten darauf hin, dass in dieser Zeit schon gezielter Anbau betrieben wurde.

Schlehen: Auch Schwarzdorn, Heckendorn oder Schlehdorn genannt. Sie gehören ebenfalls zur Familie der Rosengewächse. Man vermutet, dass diese Wildobstart in Mitteleuropa nicht heimisch war, sondern aus Vorderasien stammt. Dank ihrer Zähigkeit hat sie sich jedoch schnell bis nach Skandinavien und auch in den Kaukasus verbreitet. Sie ist sogar in Höhen von über 1500m noch anzutreffen. Man nimmt an, dass sogar in der Steinzeit die Früchte der Schlehen schon gesammelt und unter anderem zu alkoholischen Getränken verarbeitet wurden. Die uns heute bekannte Pflaume entstand aus einer Kreuzung der Schlehe mit der Kirschpflaume.

2. Fisch & Fleisch

Huhn: Hühner wurden - sofern es nicht Wildhühner waren - primär um der Eier willen gehalten. Männliche Hühner (Hähne) werden deshalb schon bald im Kochtopf oder auf dem Lagerfeuer und in den Mägen ihrer Besitzer gelandet sein, wenn man sie nicht für teure Dukaten oder den Lehnsherrn mästete. Ansonsten waren Hühner in der Küche vor allem ausgediente Legehennen, die langen Kochens bedurften.

Lachs: Wurde früher Salm genannt. An lachsreichen Gewässern, wie z. B. dem Rhein, konnte dieser nach Überschwemmungen geradezu von den Feldern ‚abgeerntet' werden. Der heute als teure Delikatesse geltende Edelfisch war damals reichlich zu haben und geradezu eine Armenspeise. Um 1840-1850 herum gab es daher im Badischen ein Gesetz, das es verbot, Dienstleuten häufiger als zweimal in der Woche Lachs aufzutischen.

Kaninchen: Kaninchen sind eine vermehrungsfreudige Spezies, die in Feld, Wald und Wiesen gedeiht. Sie sind relativ einfach mit Schlingen zu fangen und stehen schon lange auf dem menschlichen Speiseplan; sie wurden auch nicht unter Wildbret gerechnet und dürften auch im Mittelalter so manchen Speiseplan einfacher Leute bereichert haben. Ein Kaninchen konnte man auch zu Hause mästen.

Rind: Rinder waren im Mittelalter, wie Schweine und Pferde auch, um ein Drittel kleiner als die Tiere, die wir heute kennen. Es wird angenommen, dass sich diese Tierarten erst im Laufe des 19. Jahrhunderts durch bewusste Züchtung den heutigen Größenverhältnissen angenähert haben. Alle Tiere wurden ‚mit Haut und Haaren' verspeist. Man konnte es sich nicht leisten, das wertvolle Fleisch verkommen zu lassen.

Schweine: Waren im Mittelalter schon domestizierte Haustiere. Oft wurden sie frei laufend gehalten - wie man es heute nur noch aus dem Mittelmeerraum kennt - und suchten sich ihr Futter im Wald alleine. Man kann sich unschwer vorstellen, dass die damaligen Tiere eher mager waren und nichts mit den heutigen Masttieren gemeinsam hatten.

Das Eichelsammeln zur Schweinefütterung stand mancherorts unter Strafe.

Wildbret: Aus dem Geschichtsunterricht ist bekannt, dass im Mittelalter das Jagdrecht den Adligen vorbehalten war. Jedoch fand man bei Ausgrabungen hoch- und spätmittelalterlicher Bauernhäuser eine nicht unwesentliche Anzahl Wildknochen in den Abfallgruben. Möglich ist, dass das Jagdverbot zwar auf dem Papier stand, aber nicht immer und überall durchgesetzt wurde oder durchgesetzt werden konnte. Mancher Adlige wird seinen Untertanen das Jagen vielleicht direkt erlaubt haben, oder er hat weggesehen wenn die Leute zwecks Überlebenssicherung wilderten. Oder sie übertraten das Gesetz bewusst, in der Hoffnung, eben nicht erwischt zu werden – ebenso, wie dem Bauernstand das Tragen eines Schwertes eigentlich verboten war, man Bauern auf zeitgenössischen Zeichnungen aber sehr häufig mit Schwert abgebildet sieht.

Ziege: Die meisten Ziegen wurden in kargen Regionen vor allem für die Milch- und Käseherstellung gehalten, und nur bei reichen Leuten und/oder an wenigen Festtagen im Jahr wird man ein Zicklein geschlachtet haben.

3. Früchte der Neuen Welt

Mais, Kartoffeln, Paprika und Chilis, Tomaten, Kidneybohnen und schwarze Bohnen, Truthahn, Schokolade und Kakao, die meisten Kürbisse (auch Kalebassen), Zucchini, Ananas, Agave (und damit auch Agavendicksaft und Tequila), Avocado, Wildreis, Ahornsirup, Piment, Cashewnüsse, Pecannüsse, Erdnüsse, Paranüsse und Vanille sind erst mit der Entdeckung und Kolonisierung der Amerikas, also frühestens um 1500, in den Gebrauch der Europäer gekommen und z. B. für Mittelalter-LARPs ungeeignet.

4. Genussmittel

Bier: Bier gibt es seit gut 6000 Jahren, es zählt in allen Kulturen, die es entwickelt haben, mit Brot als Grundnahrungsmittel.

Grüntee/Schwarztee: Tee wurde zum ersten Mal im 17. Jahrhundert aus China nach Europa importiert und verbreitete sich von Holland aus schnell nach Deutschland und in andere europäische Länder.

Kaffee: Die Verwendung von Kaffee als Getränk kommt aus dem Nahen Osten. Um 1500 wurde im Jemen Kaffee angebaut; in Europa und Amerika wurde Kaffee nicht vor Mitte des 17. bis Anfang des 18. Jh. populär, als die Pflanzen auch in Kolonien in Indonesien und später Lateinamerika angebaut wurde. Anfänglich wurde Kaffee auch als Heilmittel betrachtet und wird bei vielen afrikanischen und darauf basierenden brasilianischen Kulten als magisch-rituelle Zutat verwendet (als Brei, Trank etc.) Den Filterkaffee gibt es seit 1936, als Melitta und Hugo Bentz ihren Papierfilter als Patent anmeldeten.

Wein: Wein wurde vermutlich schon vor 9000 Jahren in China hergestellt. Verbürgt ist er auf jeden Fall seit 6000 Jahren aus dem alten Ägypten; im babylonischen Reich waren Weinpreise staatlich kontrolliert und Inhabern von Weinschenken wurde zugesichert, dass sie Gäste, die sich daneben benahmen, an die frische Luft setzen durften. Auch in der Heilkunst hat Wein eine lange Tradition - sumerische Tontafeln berichten darüber. Der Grieche Hippokrates verwendete Wein als Antiseptikum. Sehr verbreitet war die Methode, Weine mit Kräutern zu versetzen und sich so die im Alkohol und der Weinsäure gelösten Inhaltsstoffe von Medizinalpflanzen zu erschließen (u. a. auch in der Hildegard-Medizin).

5. Getreide

Amarant: Ein Pseudogetreide (Fuchsschwanzgewächse), auch als Wunderkorn der Azteken bekannt. Sehr eiweißhaltig.

Buchweizen: Genau genommen kein Getreide, sondern eine Knöterichpflanze (sog. Pseudocerealie). Kam Ende des 14. Jahrhunderts (also recht spät) durch orientalische Einflüsse nach Frankreich, vornehmlich in die Bretagne, wo das Buchweizenmehl z. B. bei den traditionellen Galettes oder Crêpes auch heute noch Verwendung findet. In der bäuerlichen Bevölkerung waren Getreidesuppen mit Buchweizen und in Fett gerösteten Brotwürfeln ein Grundnahrungsmittel.

Dinkel (und Grünkern): Eine alte Kulturform des Weizens. Grünkern ist unreif geernteter Dinkel, der über Buchenholzrauch gedarrt wird.

Einkorn (Auch Einkhorn): ist nach Meinung von Historikern das erste Getreide Europas, das beim Übergang von der Jäger und Sammler-Kultur zum Ackerbau angebaut wurde. Auch bei der bekannten jungsteinzeitlichen Gletscher-Mumie ‚Ötzi' wurden Einkorn-Körner gefunden.

Emmer: Eine der ältesten und populärsten Weizenformen, die den doppelten Eiweißgehalt heutigen Kultur-Weizens aufwies und somit maßgeblich zum Überleben unserer Vorfahren beitrug. Von seiner Bedeutung sprechen Funde in ägyptischen Pyramiden, wie auch im ganzen europäischen und vorderasiatischen Raum. Auch heutzutage wird Emmer noch in entlegenen Gegenden der Türkei und Syriens angebaut. In Europa findet man ihn in Großbritannien, im Butser Ancient Farm Research Center.

Gerste: Kulturpflanze seit mindestens 6.000 Jahren. Weit verbreitet als Graupen, Rollgerste und Grieß. Verwendung auch als Kaffee-Ersatz und natürlich Braugerste für die Bierzubereitung.

Hafer: Ist eine sehr alte Kulturpflanze. Zuerst als Unkraut eingeschleppt, stieg seine Bedeutung ab der Bronzezeit stark an.

Hirse: Wird in Mitteleuropa seit der Steinzeit angebaut und ist das mineralstoffreichste Getreide überhaupt. Die Römer schätzten sie sehr.

Kamut®: Die Urform des Weizens, 1948 in einer Grabstätte in Ägypten entdeckt. Enthält 40 % mehr Eiweiß als heute übliche Weizensorten. Obwohl es sich bei Kamut um ein Jahrtausende altes Gut der Menschheit handelt, wurde es im Jahre 1990 von einem US-Bürger patentiert und stellt somit eine kommerziell vermarktete Weizen-Variante dar. Interessant ist er vor allem, da er, trotz enger genetischer Verwandtschaft mit dem Weizen, für Weizenallergiker geeignet ist.

Kolbenhirse (Sorghum, Mohrenhirse): Ist heute vor allem als Vogelfutter in Gebrauch. Bis ins Mittelalter war der Anbau von Kolben- und Rispenhirse als Nahrungsmittel weit verbreitet. In der Bronzezeit war sie eines der wichtigsten Nahrungsmittel.

Mais: Siehe Früchte der Neuen Welt; in Europa frühestens 1500.

Quinoa: Ein weiteres nährstoffreiches Pseudogetreide aus Lateinamerika, auch Inkakorn genannt.

Reis: Wurde von den Mauren nach Europa gebracht. Seit etwa dem 8. Jahrhundert war Reis auch in Europa in Gebrauch.

Roggen: Das wohl wichtigste Brotgetreide in kalten Regionen. Im Mittelalter nicht selten mit dem halluzinogen wirkenden, hochgiftigen Mutterkornpilz befallen.

Weizen: Das weitverbreitetste Brotgetreide der Welt, wurde schon in Troja verspeist. Geht genetisch auf drei verschiedene Arten zurück - Emmer, Einkorn und Dinkel.

6. Hülsenfrüchte

Hülsenfrüchte stammen gleichermaßen wohl aus Asien, Afrika und Südamerika. In Südostasien wurden Hülsenfrüchte schon vor ca. 11.000 Jahren kultiviert. Linsen sind aus dem Nahen Osten (einschließlich Ägypten) seit etwa 10.000 Jahren verbürgt, und die Indianervölker Perus und Mexikos kennen seit wenigstens 7.000 Jahren Bohnen. Dennoch sind Hülsenfrüchte an warme Klimate angepasst und haben den Weg nach Europa größtenteils erst mit der Entdeckung der Amerikas und der Neuzeit gefunden. Ausnahmen dürften hier dank der Einflüsse der maurischen Kultur vor allem Kichererbsen, dicke Bohnen und Linsen sein.

Bohnen: Bohnen gibt es in einer schier unüberschaubaren Vielfalt von Arten, Formen und Farben. Die meisten davon sind klassische Leguminosen, die trocken gelagert und eingeweicht verwendet werden. Es gibt rote, weiße, schwarze, braune, gefleckte, kleine, große Bohnen - es existieren geschätzt etwa 200 Arten mit jeweils bis zu 1000 Unterarten. Ungewöhnlich sind vor allem die süßliche Adzukibohne aus Asien sowie die Gewächse, die als Schotengemüse verzehrt werden - also grüne und Wachsbohnen. Ebenso die dicke Bohne, die zwar enthülst, aber ebenso frisch wie getrocknet verzehrt wird.

Erbsen: Es gibt über 1.000 Arten Erbsen, die sich in Europa seit dem 15. Jahrhundert, als sie am französischen Königshof Mode wurden, großer Beliebtheit erfreuen. Im Mittleren und Fernen Osten dagegen ist die Erbse seit gut 5.000 Jahren ein gefragtes Nahrungsmittel. Die wichtigsten Sorten sind grüne Erbsen, Markerbsen, Schalerbsen (ähnlich der Markerbse, aber mit höherem Stärkegehalt), die Zuckererbse oder Kaiserschote, die ganz und frisch verzehrt wird, und die besonders im Orient sehr beliebte Kichererbse. Kichererbsen werden in der indischen Küche auch gern als Mehl verwendet.

Linsen: Linsen dürften zu den ältesten nachgewiesenen Nahrungsmitteln der Menschheit gehören. In Nordsyrien am Ufer des Euphrat wurden in menschlichen Siedlungen gut 10.000 Jahre alte Linsen gefunden. Linsen werden auf Fresken bei Ramses II erwähnt, waren seit der kretischen Kultur um 6.000 vor Christus auch bei den Griechen bekannt und galten dort als Armeleuteessen. Ein altgriechischer idiomatischer Ausspruch über Neureiche besagt in etwa: „ihnen schmecken die Linsen nicht mehr". Berühmt ist die Linse auch durch die biblische Erwähnung (Esaus Linsengericht). Linsen sind sehr eiweißhaltig und sättigend und in vielen vegetarischen Kulturen ein wichtiges Grundnahrungsmittel. Es gibt braune, schwarze, grüne und rote (geschälte) Linsen. Die grünen und schwarzen Linsen (Puy, Beluga, Pardino) garen schneller als die grobe Tellerlinse. Die roten Linsen zerkochen zu einem gelblichen Brei und sind in der Küche Indiens sehr beliebt.

Sojabohnen: Trotz ihres Namens ist die Sojabohne keine Bohnenabart, sondern eine eigenständige Hülsenfruchtgattung. Ihr Ursprung wird vor mehr als 10.000 Jahren in der Mandschurei vermutet. Heutzutage wird sie als Öllieferant, Viehfutter und Zusatzstoff für vielerlei Lebensmittel verwendet. Aus Sojabohnen kann man einen Milchersatz gewinnen und außerdem die in Asien verwendeten Produkte Tofu, Sojasauce und Miso. Vegetarischer Fleischersatz besteht oft auch aus Sojaprotein. Während Sojamilch für viele Milchallergiker einen guten Ersatz darstellt, gibt es auch viele Menschen, die auf Soja allergisch reagieren. Hier ist unbedingt Vorsicht und genaue Deklaration bei der Verwendung geboten.

Wicken: Wicken wurden schon in der Eisenzeit von Kelten als Kulturpflanze angebaut und dienten der menschlichen Ernährung, aber auch als Viehfutter. Mit steigender Intensivierung der Landwirtschaft, galt die Wicke jedoch zunehmend als Unkraut, das zwischen Getreide wucherte und dadurch dessen Ernte erschwerte. Dadurch begann ein Verdrängungsprozess, der sie auch als alltägliches Nahrungsmittel verstieß.

7. Süßungsmittel

Apfelkraut/Apfeldicksaft/Birnendicksaft: Äpfel und Birnen werden so lang gekocht, bis der darin enthaltene Zucker karamellisiert und das Wasser verdunstet ist und das Ganze eine Art dickflüssigen Sirup ergibt. Diese Technik war auch schon bei Kelten und Germanen bekannt.

Ahornsirup und Ahornzucker: Gewonnen aus dem eingekochten süßlichen Saft des Zuckerahorns. Typisch für Nordamerika.

Birkensaft: In Skandinavien, in Russland und bis ins 18. Jh. auch in Deutschland war der süße Saft bestimmter Birkensorten (Weiß- und Zwergbirken) als Getränk, vergoren als Wein und zu Sirup gekocht als Süßungsmittel weit verbreitet. Heute produzieren Finnland und Alaska den Sirup wieder als Spezialität.

Honig: Seit der Steinzeit dient Honig dem Menschen als Süßungsmittel. Schon die alten Ägypter entwickelten um 3200 v. Chr. eine Art Imkerei. Honig wurde auch als Gegengift und zur Wundheilung und Fiebersenkung eingesetzt. Die Germanen benutzten Bienenvölker als Waffen. Im Mittelalter schließlich begann die Hochzeit der Imkerei, Klöster verwendeten den Honig vor allem zur Herstellung von Met.

Melasse: Der stark eingedickte Saft des Zuckerrohrs ist in den USA, besonders den Südstaaten, ein traditionelles Süßungsmittel. Rübensirup wird (geschmacklich zu Recht) als minderwertiges Produkt angesehen. Siehe auch Rohrzucker.

Palmzucker: In Südostasien weit verbreitet. Die Blütenstände der Atta- oder Zuckerpalme werden angezapft, um ihren zuckrigen Saft zu gewinnen, der dann zu einem dicken Sirup und schließlich karamelligen Zucker verkocht wird. Kühlt in Bambusrohren aus und wird in Scheiben oder Stangen verkauft - geschmacklich ähnlich Rohrzucker.

Rohrzucker: Das Zuckerrohr kennt die Menschheit seit über 6000 Jahren. Um 600 v. Chr. entwickelten die Perser eine Methode, aus heißem Zuckerrohrsaft mittels irdener Gefäße Zuckerhüte herzustellen. Ab 1100 nach Christus kommt Zucker mit den Kreuzrittern nach Europa, wo er eine teure Luxuszutat bleibt, was sich auch mit dem Zuckerrohranbau auf Plantagen ab ca. 1500 nicht ändert. Für jedermann verfügbar wird Zucker erst mit Erfindung des Rübenzuckers.

Rübenzucker/Rübenmelasse: Rüben werden seit der Antike angebaut, aber wegen ihrer Blätter und erst später auch der Wurzeln wegen. 1747 weist Andreas Marggraf den hohen Zuckergehalt der Runkelrübe nach, erst 1801 wird der erste industriell gefertigte Zucker aus der Rübe hergestellt.

Zucker: Siehe Rohrzucker und Rübenzucker

8. Fette

Butter: Gehört zu den wohl ältesten Nahrungsfetten der Menschen und ist in allen Kulturen, die Viehzucht mit Milchvieh entwickelt haben, bekannt. Butter bräunt sehr schnell bzw. scheidet sich in Butterfett und Molke, deswegen ist sie zum Braten nur bedingt geeignet. Die bessere Wahl dürfte im Zweifel Butterschmalz sein. Wer Butter InTime-gerecht verpackt verwenden möchte, kann sie etwas weich werden lassen, mit Pergamentpapier zu Rollen formen und diese wieder gut kühlen.

Butterschmalz: Ist auch als Butterreinfett bekannt. Mittlerweile gibt es das Fett auch im Discounter in 500-g-Bechern. Vorteil: Es ist sehr lange gut haltbar und wird praktisch nicht ranzig, einfach zerlassen, in ein InTime-geeignetes Gefäß füllen, wieder erstarren lassen. Perfekt zum Braten und Frittieren. In asiatischen Supermärkten findet man auch eine besondere Art des Butterschmalzes unter der Bezeichnung ‚Ghee', oft in Metalldosen zu 500 g oder 1 kg gepackt.

Erdnussöl: Ist ein Produkt der Erdnuss und damit der Neuen Welt. Erst mit industriellen Ölgewinnungsverfahren wurde Erdnussöl weitgehend verfügbar. ACHTUNG! Menschen, die gegen Erdnüsse allergisch sind, dürfen meist auch kein Erdnussöl in der Nahrung haben, es reichen bereits geringste Mengen, von daher ist bei Gruppenköchen von der Verwendung unbedingt abzuraten.

Frittierfett: Die großen Stangen bestehen meist aus Mischungen gehärteter Fette, die zum Braten und Frittieren gut geeignet sind, außerdem billig. Wir würden allerdings zur Verwendung reiner Produkte raten.

Hanföl: War früher ein weit verbreitetes Öl, das sehr nussig schmeckt und reich an gesunden Fettsäuren ist. Manche Bioläden führen es. Vorzugsweise kalt zu verwenden.

Haselnussöl: Ist wie der Name sagt, wird es aus Haselnüssen gewonnen. Schmeckt sehr intensiv und sollte nur in kleinen Mengen als Salatöl oder über Gemüsegerichte geträufelt verwendet werden. Wie bei Erdnüssen gilt: Achtung, Allergiker! Die Gefahr davon unwissentlich etwas zu sich zu nehmen, ist allerdings nicht groß, da man es nicht zum Kochen verwenden sollte.

Kokosöl: Aus naheliegenden Gründen ist Kokosöl nicht für Mittelalter-LARPs tauglich. Gutes kaltgepresstes Kokosöl hält sich lange, wird nicht ranzig und ist ähnlich wie Butterschmalz gut zum Braten und Frittieren geeignet, es wird bei Temperaturen unter 30°C fest. Wer Bio-Kokosöl kauft, kann es für exotische Gerichte verwenden, da manche Sorten auch noch eine leichte Kokosnote haben. Traditionelles Marken-Frittierfett wie Palmin besteht üblicherweise aus Kokosfett, allerdings meist gehärtet, wovon abzuraten ist.

Kürbiskernöl: Ist eine neuzeitliche Erfindung, wobei nicht auszuschließen ist, dass indigene Völker etwas Ähnliches benutzt haben. Es hat einen sehr starken, bisweilen strengen Geschmack, und eignet sich gut, um es auf Suppen zu träufeln, oder in Salatsaucen, bzw. um einen farblichen Effekt (intensives dunkelgrün) damit zu erzielen - zum Braten und Kochen ungeeignet!

Leinöl: Ist ein typisches Öl der kalten Regionen, für Kelten, Wikinger, europäisches Mittelalter und Neuzeit gleichermaßen geeignet. Es ist reich an gesunden Fettsäuren, wird aber extrem schnell ranzig und sollte deswegen nur bei ausreichenden Kühlmöglichkeiten verwendet und nur in kleinen Mengen eingekauft werden. Klassiker sind Pellkartoffeln mit Quark und Leinöl, bzw. generell Öl-Eiweiß-Kost. Leinöl schmeckt intensiv und ist nicht jedermanns Sache - nur kalt zu verwenden!

Margarine: Ist außer in SciFi-/Endzeit-Umgebungen als Industrieprodukt nicht LARP-tauglich, bestenfalls noch als Buttерersatzstoff in einem Jahrhundertwende-Rollenspiel. Auch hier raten wir eher zur Verwendung reiner Produkte.

Olivenöl: Ist schon seit der Antike im gesamten Mittelmeerraum verbreitet. Gut zum Kochen und Braten, Öle, die nicht als extra vergine (bzw. nativ extra) klassifiziert sind, kann man auch zum Frittieren verwenden.

Palmöl: Kommt ursprünglich aus Westafrika, hat aber erst mit der Kolonialzeit in Europa wirklich an Bedeutung gewonnen. Das leuchtend orangefarbene feste Fett hat einen kräftigen Eigengeschmack, der in Afrika, Brasilien und auch Asien geschätzt wird. Das Fett gibt es im Asienladen. Für SciFi- und Endzeitspieler schon wegen der Farbe ein interessantes Produkt.

Pflanzenöl Hinter der Bezeichnung verbirgt sich meist Sojaöl oder Erdnussöl, siehe dort.

Schmalz: Ist eine Fettart, die besonders in kälteren Regionen gern verwendet wird - im weitesten Sinne ausgelassenes tierisches Fett, meist von Schweinen, Gänsen oder Enten. Für deftige Fleischgerichte ist es bestens geeignet, es benötigt aber je nach Zusammensetzung eine Mindestkühlung. Im Sommer sollte man Schmalz nicht gerade als Standardfett in Erwägung ziehen. Läßt sich gut in traditionellen irdenen Gefäßen aufbewahren. In der jüdischen Küche bezeichnet *Schmaltz* ausgelassenes Hühnerfett.

Sesamöl: Gibt es in einer gerösteten und einer ungerösteten Fassung. Das Öl aus gerösteten Samen ist sehr nahrhaft - zum Beispiel auch auf Quark - und findet vor allem in der asiatischen Küche Verwendung. Aber auch im Nahen Osten ist Sesamöl durchaus typisch. Da man (helles) Sesamöl gut erhitzen kann, taugt es gut als Allzwecköl.

Sojaöl: Neutrales Allzwecköl, auch hier gilt: Achtung, allergische Reaktionen möglich.

Sonnenblumenöl: Wird erst seit relativ kurzer Zeit verwendet, ist aber ein gutes Allzwecköl zum Kochen, Braten und Backen.

Speck: Geräucherter fetter oder durchwachsener Speck ist für Nichtvegetarier eine gute Fettquelle, viele Gerichte lassen sich hervorragend mit einigen angebratenen oder ausgelassenen Speckwürfelchen zubereiten. Die Speckseite kann gut am Reisebündel hängen und auch als InTime-Snack dienen, wenn sonst nichts zu beißen da ist, an heißen Tagen möchte der Speck aber ein kühles Plätzchen, wenn er nicht sehr gut geräuchert oder getrocknet ist. Hier lohnt es sich, bei einem Metzger gute, wirklich noch geräucherte Ware zu erstehen. Typisch ist Speck für so gut wie alle Western-Gerichte. In der traditionellen Westernküche werden selbst süße Pfannkuchen oft in Speckfett gebraten.

Walnussöl: Schmeckt intensiv nach Walnüssen und ist ein gutes Salatöl.

Kräuter und andere Waldläufergenüsse

Wenn der Spielort eine reichhaltige, giftarme Flora hergibt, kann man die Speisekarte durchaus mit frischen Kräutern aufpeppen. Versehen mit InTime-Währung kann die Küche am LARP-Wirtschaftssystem teilnehmen, nicht nur, indem sie Charaktere Kartoffeln schälen lässt, sondern auch, indem sie diese zum Futtersammeln aussendet - natürlich nur wenn Plot, Zeit und Umgebung dies erlauben. Besser jedenfalls, als wenn Krieger selbst losstürmen und versuchen unbekannte, abgerissene und traurig schlappe Gewächse an die Heilkundigen zu verschachern.

Ein paar Kleinigkeiten sind dabei allerdings zu beachten:

- Klärt im Vorfeld mit der Orga, ob das Pflanzensammeln am Veranstaltungsort erwünscht und erlaubt ist.
- Baut eure Küchenplanung nicht auf Pflanzen auf, die in der Nähe des Geländes gar nicht vorkommen.
- **Ernte keine Pflanzen, die du nicht kennst.**
- Reiße niemals Pflanzen mit der Wurzel aus, sondern schneide sie vorsichtig mit einem scharfen Messer ab.
- Benötigst du Wurzeln, grabe diese vorsichtig aus der Erde aus.
- Ernte nie mehr, als du unbedingt benötigst.
- Lass mindestens ein Drittel der Fundstelle unangetastet.
- Ernte keine geschützten oder giftigen Pflanzen.
- Ernte keine Pflanzen an den Rändern viel befahrener Straßen oder gespritzter Felder.
- Ernte keine Pflanzen am Rand von Wanderwegen (Hundeurin!)

- Wasche dir regelmäßig nach der Kräutersuche die Hände und erhitze alles, was du in der freien Natur geerntet hast, auf mindestens 70 Grad, bevor es verzehrt wird. Fuchsbandwurmeier können sich auf allen Wildpflanzen bis etwa Kniehöhe befinden und die Spätfolgen eines Fuchsbandwurmbefalls sind alles andere als lustig. (Zu näheren Informationen siehe *Quellenverzeichnis.*)
- Das Sammeln von Eicheln oder Bucheckern im Wald wird von den meisten Förstern nicht gerne gesehen, da sie diese für die Wildfütterung benötigen.
- Sammelt Pilze nur dann, wenn ihr euch über ihre Essbarkeit absolut und unerschütterlich sicher sein. Ansonsten Finger weg!

Ein paar Pflanzen, die für die LARP-Küche besonders interessant sind, wollen wir vorstellen. Für die genaue Bestimmung verweisen wir jedoch auf im Handel erhältliche Wildpflanzen-Bücher. (Siehe *Quellen.)*

Bärlauch (Allium ursinum):

Bärlauch ist ein schmackhaftes Wildgemüse aus der Gattung der Zwiebelartigen (Allium), dessen Blätter sich gut zu Bärlauchbutter oder Bärlauchpesto verarbeiten lassen. Er schmeckt leicht scharf und intensiv nach Knoblauch und kann daher auch als Knoblauchersatz in Suppen und Eintöpfen verwendet werden. Alle Teile des Bärlauchs sind essbar, aber in der Küche finden meist nur die Blätter Anwendung, die noch vor der ersten Blüte gesammelt werden sollten.

Beim Bärlauch besteht Verwechslungsgefahr mit dem Maiglöckchen und der Herbstzeitlose, beides hochgiftige Pflanzenarten. Die Unterscheidung ist jedoch relativ einfach. Beim Zerreiben der Blätter steigt vom Bärlauch Knoblauchduft auf.

Birkensaft:

Um Birkensaft zu gewinnen, bohrt man die Rinde einer Birke mit einem spitzen Messer an, steckt einen hohlen Halm, z. B. Schilfrohr, in die Wunde und hängt über Nacht ein Gefäß darunter. Kocht man den gewonnenen Saft ein, erhält man mit Birkensirup ein InTime sehr gut geeignetes Süßungsmittel. Was Förster davon halten, wenn ihr die Birken wie beschrieben anbohrt, wird sich sicher von Ort zu Ort unterscheiden. Im Zweifelsfall erst fragen statt später ärgern.

Brennnessel (Urtica dioica):

Als Unkraut verschrien und gehasst wegen ihrer unangenehmen Brennhaare, ist die Brennnessel jedoch ein sehr gesundes Wildgemüse. Man sammelt nur die jungen Teile der Nessel und kann diese in der Küche wie Spinat zubereiten oder als Suppengemüse verwenden. Beim Sammeln sollte man Handschuhe tragen, das Kochen zerstört jedoch die Brennhaare. Um sie angenehmer transportieren zu können, umfasst man die Brennnessel unten am Stil und streift mit einer behandschuhten Hand mehrmals in Richtung der Spitze (ohne die Blätter dabei abzureißen).

Eicheln und Bucheckern:

Dienten häufig als Mehlersatz und können auch heute noch gemahlen als solcher eingesetzt werden.

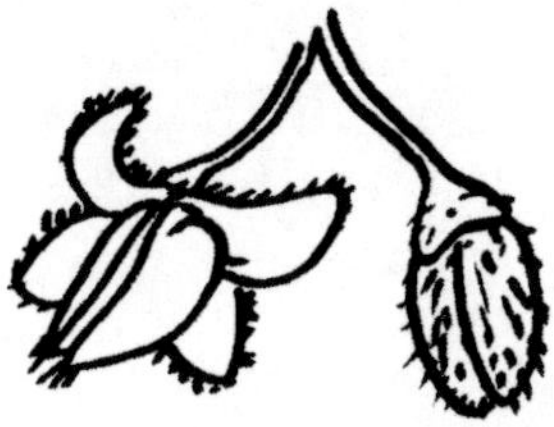

Hagebutte (Rosa canina):

Die rote Frucht lässt sich zu vielerlei verarbeiten, ist aber am besten als Vitamin C liefernder Tee bekannt. Und spätestens der Kender oder Kobold weiß genau, was er mit den Kernen anfangen kann...

Holunder (Sambucus nigra):

Die auffälligen, großen Blütendolden des Holunders können in einen dünnen Pfannkuchenteig getaucht und in Fett ausgebacken werden. Die dunkelvioletten Früchte dürfen nicht roh verzehrt werden, gekocht ergeben sie aber einen leckeren Mus.

Kiefern- und Fichtentriebe:

Die jungen, hellgrünen Triebe an der Spitze von Kiefer- und Fichtenzweigen können auf Wanderungen direkt vom Baum verzehrt werden - solange die Zweige hoch genug über dem Boden hängen. Sie sind durstlöschend durch ihren Flüssigkeitsgehalt, und stillen den kleinen Hunger, zudem enthalten sie viel Vitamin C. Ältere Zweigteile sind allerdings ungenießbar.

Rauke:

Rauke, bekannt geworden als Modepflanze unter ihrem italienischen Namen Rucola, finden wir in der freien Natur vor allem als Weg-Rauke oder Knoblauchrauke. Rauke ist in fast all ihren Formen ein ausgezeichnetes Salatgemüse mit einem entweder fein-nussigen oder knoblauch- oder schnittlauchartigen Geschmack. Rauke macht sich ausgezeichnet in Raukebutter (siehe Rezeptteil), pur als Salat (Fundort! Fuchsbandwurm!) oder (nur kurz mitgekocht) in Suppen. Unser Tipp: Frische Rauke mit einer Senf-Vinaigrette.

Wald-Erdbeere (Fargaria vesca):

Viel gibt es hierzu nicht zu sagen, außer das es sich um die kleinere und aromatischere Variante unserer Kulturerdbeere handelt. Wir möchten hier jedoch noch einmal auf die Gefahr von Fuchsbandwurmbefall hinweisen.

Waldmeister (Galium odoratum):

Ein häufiger Gast in LARP-Wäldern, und durch seine schmalen Blätter, die rund um den Stengel gereiht sind, besitzt er ein sehr charakteristisches Aussehen. Erst wenn er getrocknet wird, entwickelt sich der typische Geruch nach Waldmeister. Dann kann er mit Weißwein oder Sekt zu Waldmeisterbowle angesetzt werden. Das im Waldmeister enthaltene Cumarin ist allerdings ein Gift. Wer zu tief in die Waldmeisterbowle blickt, wird mit Kopfschmerzen, Sehstörungen und Schwindel rechnen müssen, sowie mit einem unangenehmen Kater am Tag darauf. Wer Waldmeisterbowle mit echtem Waldmeister trinkt, sollte vom Kämpfen Abstand nehmen.

Waldmeister kann mit Kletten-Labkraut verwechselt werden, welches aber ungiftig ist und leicht an den kleinen Kletten erkannt werden kann. Fehlen die Kletten noch, erkennt man es spätestens während des Trocknens am fehlenden Waldmeistergeruch. Waldmeister ist stark allergen. Wer schon weiß, dass er auf Waldmeister reagiert, sollte weder die Pflanze mit bloßer Hand pflücken, noch echte Waldmeisterbowle genießen. (Waldmeister-Geschmacksstoffe in Wackelpudding oder Sirup sind ungiftige Verwandte des Cumarins, können aber durch die chemische Ähnlichkeit ebenso allergen wirken. Wer auf Waldmeister-Geschmack allergisch reagiert, sollte keinen echten Waldmeister zu sich nehmen und umgekehrt.)

Wegwarte (Cichorium intybus):

Mit ihren großen, blauen Blüten ist die Wegwarte oder Zichorie an Feldwegen nicht zu übersehen. Die ganze Pflanze ist essbar, jedoch oft sehr bitter. Eine der interessanteren Anwendungen im LARP ist, die Wurzel kleinzuschneiden, in einer Pfanne überm Feuer zu rösten und dann zu Zichorien-Ersatzkaffee zu zermahlen. Die Knospen kann man zu Karpernersatz marinieren.

Enge Verwandte der Wegwarte in der modernen Küche sind Chicorée oder Radicchio, die vor allem als Salatgemüse zur Anwendung kommen.

Wilder Schnittlauch, Wilder Knoblauch:

Sehen ihren Küchengarten-Verwandten entsprechend ähnlich und können genau wie diese angewendet werden.

LEBENSMITTEL VORBEREITEN UND AUFBEWAHREN

Nicht nur bei LARP-Waffen, sondern auch beim LARP-Essen gilt:

Sicherheit zuerst!

1. Trocknen & Dörren

Trocknen und Dörren ist eine der ältesten bekannten Konservierungs-methoden. Kein Wunder, braucht es doch nicht mehr als ein paar schöne, sonnige Tage und einen ebenen Felsen, um das Dörrgut auszubreiten. Die allermeisten Früchte, eine breite Auswahl von Gemüse sowie Fleisch und Fisch eignen sich ganz hervorragend zum Dörren. Beim Kochen kann gedörrtes Gemüse oder Fleisch wie eingefrorenes verwendet werden. Die Garzeit erhöht sich lediglich im Vergleich zu frischem Gemüse.

Vitamine und Mineralstoffe sowie Nährstoffe werden weitgehend erhalten, lediglich das Wasser wird der Nahrung entzogen und damit auch der Nährboden für Schimmel und Keime. Dörrgut, das richtig gedörrt wurde und das danach richtig gelagert wird, hält sich bis zu einem Jahr, manchmal länger. Somit kann man es gut im Winter vorbereiten, während man in Erinnerungen schwelgend sehnsüchtig auf die nächsten Freiluft-Cons im Frühjahr wartet.

Dörren kann man im Prinzip auf drei Arten: Einmal durch direktes Ausnutzen des Sonnenlichtes, indem das Dörrgut auf einer sauberen Unterlage ausgebreitet wird, oder in einem selbstgebauten Dörrrahmen, in dem es durch eine (Plexi-)Glasscheibe zusätzlich vor Tieren oder plötzlich einsetzendem Regen geschützt wird.

Diese Methode hat den Nachteil, dass durch das Sonnenlicht mehr Vitamine zerstört werden als bei den beiden folgenden Arten.

Die zweite Methode ist, den Backofen zum Dörren zu verwenden und das Dörrgut auf den Backblechen auszubreiten. Um die Feuchtigkeit abziehen zu lassen, sollte die Klappe des Ofens mit einem Hölzchen einen Spalt offengehalten werden.

Diese Methode hat den Nachteil, dass manche Backöfen sich nicht einfach auf die niedrigen Temperaturen regulieren lassen, bei denen empfindliches Dörrgut wie Kräuter, Pilze oder Beeren getrocknet werden müssen.
Die dritte Möglichkeit besteht in speziellen Dörrgeräten. Diese kann man sich einmal selbst bauen, ohne viel mehr an Material zu benötigen als eine Kiste, einige Bleche und eine (Wärme-)Glühbirne. Der Einbau eines Ventilators stellt schon einen beinahe unnötigen Luxus dar, da die Luftzirkulation von ganz alleine in Gang kommt, wenn man alles richtig gemacht hat. Jedoch ist auch bei dieser Methode die Temperatur mehr Glücksache und wohl nur von einem erfahrenen (Hobby-)Elektroniker halbwegs einstellbar.

Wer die Zeit für den Bau eines Dörrgerätes lieber in ein aufwändiges Latex-Schwert oder Gewandung investiert, kann auch ein Dörrgerät käuflich erwerben. In Deutschland findet man sie vor allem in Naturkostgeschäften, bei EBay, aber auch direkt bei den Herstellern, deren Adressen ihr im Anhang ‚Bezugsquellen' findet. Die Preise dieser Dörrgeräte schwanken zwischen 50 Euro (EBay + Glück) bis hin zu 150 Euro (mit Temperaturregelung und Zeiteinstellung). Das ist durchaus eine Investition, die überlegt sein will, aber gerade für Gruppen, die regelmäßig mit Kühlproblemen auf Selbstversorger-Cons kämpfen, der Anschaffung wert. Wer zusammenlegt, bei dem dürfte das Loch im Geldbeutel nicht so weit aufklaffen.

Gedörrtes Gemüse oder Obst sieht in beinahe allen Genres ambientig aus. Ob auf dem Kelten-LARP oder beim Mittelalter-ReenLARPment - Dörrobst oder Dörrfleisch dürfte in keinem Reiseproviant gefehlt haben. Im Endzeit-LARP dürfte das etwas verkrüppelte Aussehen des Dörrguts für passende Assoziationen sorgen, während man es für das Astronautennahrungs-Feeling im SciFi-LARP gar mal kurz durch den Mixer jagen kann.

Wer sich bei trekkingbegeisterten Bekannten umhört, wird schnell erfahren, dass man dort sogar dazu übergeht, ganze Gerichte ins Dörrgerät zu geben. Somit kann man sich zu Hause von Muttern das Lieblingsgericht bereiten lassen, wiegt dies, bevor man es ins Dörrgerät gibt, und wiegt es nach vollendeter Dörrphase erneut. Das fehlende Gewicht notiert man sich als die Wassermenge, die später hinzugefügt werden muss. Dann verpackt ihr es möglichst luftdicht und müsst vor Ort das ganze überm Feuer nur mit Wasser aufkochen. Eine Maggi Tütensuppe sieht vom Preis-Leistungsverhältnis her dagegen blaß aus.

Der Rezeptteil wird euch einige Vorschläge bieten, wie ihr mit gedörrten Nahrungsmitteln den Speiseplan interessanter gestalten könnt. Und um es deutlich zu sagen: Gedörrtes Fleisch statt frischem reduziert die Gefahr einer Nahrungsmittelvergiftung ganz erheblich.

Ambiente-Tipp

Wer während eines Cons echte Heil-, Würzkräuter oder Beeren sammelt, muss, was er nicht direkt für die Zwecke des Charakters braucht oder von der Hand in den Mund isst, nicht vergammeln lassen. Kräuter kann man an einer Schnur zum Trocknen aufhängen und Beeren oder anderes Obst auf einem sauberen Tuch in der Sonne ausbreiten.

Natürlich ist es sinnvoll, dies nicht ausgerechnet in die Einfallschneise nächtlicher Orkangriffe zu legen... ;-)

Bedenkt man, dass es früher keinen Supermarkt gab indem man sich zwischendurch eindecken konnte, liegt die Vermutung nahe, dass jede Möglichkeit genutzt wurde, aktuell vorhandene Nahrung auch für die kommenden Tage nutzbar zu machen.

2. Milchsaures Einlegen

Die Milchsäuregärung ist eine alte traditionelle Methode der Haltbarmachung, die schon vor mindestens 2000 Jahren im Orient Anwendung fand. Sie ist vitaminschonend und milchsaure Gemüse brauchen quasi keine Kühlung. Traditionell wird z. B. Sauerkraut durch milchsaure Gärung hergestellt. Zum milchsauren Einmachen eignen sich nur festere Gemüsesorten, wie Rüben, Kohlgewächse oder Bohnen, bedingt auch Paprika und Tomaten. Das Gemüse wird fein geschnitten und eingesalzen und kräftig gestampft, dann kommt ein Starter wie Molke oder Sauerkraut dazu. Wichtig ist ein passender Deckel mit Wasserrinne. Bei Raumtemperatur darf nun alles gären und blubbern. Milchsaure Gemüse einmachen eignet sich vor allem für große Mengen (und Gruppen) und der saure Geschmack ist nicht jedermanns Sache. Das fertig gegorene Gemüse kann man als Beinahe-Rohkost-Salat verzehren oder danach einwecken/einkochen. In einem kalten Keller hält es sich auch ohne diese Maßnahmen im Gärtopf.

3. Einmachen

Lebensmittel in Gläsern einzukochen ist schon lange eine Methode, sie haltbarer zu machen. Im Glas eingemachtes Gemüse kann auch eine gute Basis für die LARP-Küche sein, da es die Kochzeiten verkürzt und nicht verdirbt. Aber nicht nur Apfelkompott oder grüne Schnippelbohnen kann man einkochen. Kuchen können in Sturzgläsern gebacken und gleichzeitig eingemacht werden, und selbst ganze Mahlzeiten lassen sich vorkochen und sicher für einige Wochen in Gläsern konservieren.

Wer sich an diese Methoden herantrauen möchte, dem sei zur Lektüre vor allem das *Weck-Einkochbuch* (siehe Bezugsquellen, oder im Buchhandel) empfohlen. Dort wird das Thema Einkochen auch ganzer Mahlzeiten erschöpfend behandelt. Der Vorteil liegt auf der Hand... auf dem LARP braucht man nur noch das leckere Essen warm machen, das zu Hause vorgekocht wurde.

4. Kühlen ohne Strom

Selbst wenn man sich vor dem LARP bis zur Halskrause mit getrockneten, milchgesäuerten oder eingeweckten Lebensmitteln eindeckt - es wird immer noch Dinge geben, die gekühlt werden sollten.

Sei es die angebrochene Milchflasche, ein paar frische Eier, die Ecke Käse und Butter fürs Frühstück oder schlicht auch mal etwas Kaltes zum Trinken. Immerhin sind wir Kinder der Zivilisation und haben uns - bei aller Liebe für alternative Welten - doch an einige ihrer Vorzüge gewöhnt.

Einige Locations - besonders Zeltplätze, die häufig von großen Jugendgruppen angelaufen werden - bieten Kühlmöglichkeiten an, die rund um die Uhr zugänglich sind. Aber auch ohne diese ist man nicht ganz hilflos.

4.1. Kühltaschen oder -boxen

Die klassische Camping-Variante. Eine isolierte Tasche oder Kiste wird mit - gut durchgefrorenen - Kühlakkus bestückt. Die meisten Haushalte besitzen eine derartige Ausrüstung bereits für Campingtouren oder Wochenendpicknicks, daher sind die Anschaffungskosten eher gering.

Die Isolierwirkung schwankt stark. Flexible Taschen halten weniger lange kühl als gut schließende Boxen. Kühlbeutel, wie man sie in jedem Supermarkt erwerben kann, taugen lediglich um Kühlgut vom Einkauf nach Hause zu transportieren, ohne die Kühlkette zu unterbrechen. Sie sind kein Ersatz für eine richtige Kühltasche oder -kiste. Ein Nachteil der Kühlboxen ist unter anderem die begrenzte Lebensdauer der Kühlakkus. Bei sommerlichen Temperaturen sind diese nach einem Tag soweit abgetaut, dass sie ersetzt werden müssen. Dies bedeutet, dass man für einen mehrtägigen Con mindestens zwei volle Sätze Kühlakkus besitzen muss sowie eine Möglichkeit, diese erneut zu gefrieren. (In Urlaubsgegenden bieten manche Kioske diesen Dienst gegen ein kleines Entgelt an. Es lohnt, den Betreiber eines Zeltplatzes danach zu fragen.)

Fehlt diese Möglichkeit, bieten manche Supermärkte, aber auch Tankstellen, Eiswürfel oder Crushed Ice in ihrem Sortiment. Eiswürfel tauen weniger schnell als Crushed Ice und sind daher vorzuziehen.

ACHTUNG! Sowohl Kühlakkus als auch Eis müssen **auf** das Kühlgut gelegt werden, da die Kälte nach unten sinkt. Dennoch erreichen Kühlboxen kaum die Temperaturen handelsüblicher Kühlschränke. Bei warmen Außentemperaturen wird man nur selten unter 10 Grad Innentemperatur kommen.

Kühlboxen und -taschen sind nur selten ambientetauglich. Daher ist es höflich sie mit einem Tuch abzudecken, in einen Baumwollsack zu stecken oder in der OutTime-Ecke des Zeltes zu lagern.
Große Styroporkühlboxen, wie man sie bei einigen Großhandelsketten erwerben kann, könnten zum Beispiel mit einer Holzverkleidung umgeben werden und bieten genug Platz für das Kühlgut einer mittelgroßen LARP-Gruppe.

Eine Idee für versierte Bastler wäre auch, eine Kunststoffwanne mit Ablaufhahn (für das Schmelzwasser) in eine Holzkiste einzubauen und die Zwischenräume mit isolierendem Material auszuschäumen.

4.2. Kühlboxen mit aktiver Kühlung

Ab ca. 40€ kann man Kühlboxen mit Ventilator und aktivem Kühlelement erwerben. Sie besitzen meist einen 12-Volt-Zigarettenanzünder-Anschluss,

manchmal auch mit 230-Volt-Steckdosenadapter. Letzteren kann man gut in festen Unterkünften mit Stromversorgung einsetzen.
Hier sind wieder Bastler gefragt, denn zusammen mit einer LKW-Batterie kann man sich so auch auf dem LARP weit draußen zusätzliche Kühlung sichern.

Leider sind diese Boxen eher schwach auf der Brust und eher für einen kurzen Zeitraum (z. B. die Fahrt in den Urlaub) ausgelegt, auf zusätzliche Kühlakkus kann nicht verzichtet werden. Eine Kühlbox mit aktiver Kühlung kann auch nicht mehr einfach abgedeckt werden, da sie ansonsten überhitzt. Die Laufgeräusche könnten nachts im Zelt schlafstörend wirken.

4.3. Eis in großem Stil

Muss mehr Kühlgut ohne Strom kalt gehalten werden, z. B. für eine Lagerküche, bietet sich der Erwerb von ganzen Eisblöcken an. Wasserdicht eingepacktes Kühlgut und Eisblöcke z. B. in eine alte Badewanne legen. Je nach Außentemperaturen müssen die Blöcke mehrmals nachgeliefert werden.

Eisblöcke kann man oft bei Brauereien erwerben oder von diesen liefern lassen, da sie auf die Versorgung von Volks-, Wein-, Kirchweih- oder Straßenfesten eingerichtet sind.

4.4. Fließendes Wasser

Ist ein Bachlauf in der Nähe, kann dieser zum Kühlen verwendet werden. Das Kühlgut muss dabei wasserdicht eingepackt sein und vor dem Wegtreiben geschützt werden. Fair den Mitspielern gegenüber ist, das ganze InTime-freundlich zu tarnen. Bierkästen im Bach sind ja sowas von anachronistisch...

4.5. Verdunstungskühlung

Sollten alle Stricke reißen, greift auf Verdunstungskühlung zurück. Dazu füllt man ein großes Gefäß (Eimer, großen Terracotta-Übertopf ohne Loch.) halb mit Wasser und stellt ein kleineres Gefäß, das das Kühlgut vollständig aufnehmen kann, hinein. Das innere Gefäß bei Bedarf noch mit Steinen beschweren. Nun feuchtet man ein Geschirrhandtuch oder anderes Tuch aus Naturfaser an, legt es über das innere Gefäß und füllt soviel Wasser nach, dass die herunterhängenden Ränder des Tuchs noch ins Wasser hängen. Der Wasserstand muss immer so hoch gehalten werden, dass die Fasern verdunstetes Wasser nachsaugen können.

Der Kältegewinn liegt je nach Außentemperatur, Standort des Aufbaus und Windstärke bei wenigen Grad zur Außentemperatur. Daher ist diese Variante nur ein Tropfen auf den heißen Stein. (Das beste Ergebnis, das wir im Selbstversuch erreichen konnten, lag bei knapp über 6 Grad Unterschied)

Als nicht InTime-taugliche Lösung sei noch erwähnt, dass man in vielen Outdoor-Läden Spezialtaschen erwerben kann. Befeuchtet man deren Außenhülle, kühlen sie kleine Mengen relativ zuverlässig. Jedoch sind sie mehr für den Transport und die Lagerung temperaturempfindlicher Medikamente gedacht als für Lebensmittel.

5. Die Sache mit dem Fleisch

Viele Nichtvegetarier unter den LARPern konsumieren während Cons gerne Fleisch und hier vor allem Grillfleisch oder Würstchen wegen des niedrigen Zubereitungsaufwands bei schneller Sättigung. Je nach Con-Dauer und Außentemperatur ist das jedoch ein Lotteriespiel, denn ideale Lagermöglichkeiten sind auf Selbstversorger-Cons nur selten zu schaffen.

Vor Lebensmittelvergiftungen schützt am besten der tägliche frische Einkauf. Ein Aufwand, den allerdings nur wenige Spieler treiben wollen, geht doch dabei Spielzeit verloren. Auf kürzeren LARPs führt es auch zu einer unangenehmen Zerfaserung des Spielerlagers, wenn sich immer gerade ein Teil der Spielerschaft auf Einkaufstour befindet.

Dennoch gilt auch und gerade bei der Nahrung: **Safety First.**

Kühltaschen können Kühlschränke nun einmal nur im Anflug ersetzen, und wer Hackfleisch bei Temperaturen über 20 Grad über Nacht und bis zum nächsten Abend in einer Kühltasche mit fast völlig aufgetauten Kühlakkus lagert, braucht sich nicht zu wundern, wenn sich das Abendessen schnell rächt. Nicht umsonst muss Hackfleisch nach deutschem Recht am Tag des Verkaufs auch verzehrt werden. (Ganz abgesehen von diversen Lebensmittelskandalen in der jüngeren Vergangenheit).

Wer unbedingt ein Hackfleischgericht zubereiten möchte, sollte sich das vorher gut überlegen. Zum Beispiel kann man Fleischbällchen zu Hause vorbraten, so sind sie länger haltbar (und können auch mal kalt zwischendurch gegessen werden). Die Spaghetti Bolognese oder ähnliche Hack-Gerichte schmecken auch mit Sojagranulat als Hackfleischersatz, das den Vorteil hat, nicht zu verderben, und auch von Vegetariern mitgegessen werden kann. Des weiteren gibt es auch ungewürztes, gefriergetrocknetes Hackfleisch bei Outdoor-Ausstattern, das neben der Tatsache, dass es kaum verderben kann, vor allem angenehm leicht im Gepäck ist.

Natürlich heißt das nun nicht, dass auf fleischliche Genüsse grundsätzlich verzichtet werden sollte. Nur ist beim Einsatz von Fleisch und Fisch besondere Umsicht angebracht.

Faustregel: **Je kleiner Fleisch geschnitten ist, um so stärker verkürzt sich seine Haltbarkeitsdauer.**

Für die LARP-Küche bedeutet dies zum Beispiel, dass vorgeschnittenes Fleisch für Gulasch zwar eine bequeme Sache ist, ich mir und meinen Mitessern aber einen Gefallen tue, ein größeres Stück Fleisch erst unmittelbar vor der Zubereitung klein zu schneiden.

Extrem wichtig ist eine nahezu lückenlose Kühlkette. Wer nach dem Einkauf Fleisch und Wurst eine halbe Stunde in der knallenden Sonne liegen lässt, um Lager und Zelt erst mal gegen die (natürlich wie immer im falschen Augenblick) anrückenden Untoten zu verteidigen, handelt unbedacht.

Neben den Dingen, die man vermeiden sollte, um die Haltbarkeit von Fleisch herabzusetzen, gibt es natürlich auch Maßnahmen, die sie erhöhen.

Im Mittelalter durften Großtiere wie Rinder oder Schweine übrigens nur zu ganz bestimmten Zeiten geschlachtet werden. Diese richteten sich zwar auf den ersten Blick nach dem Kirchenjahr, doch dienten sie tatsächlich der Lebensmittelsicherheit, indem sie Schlachtungen zu Jahres- oder Tageszeiten verbaten, zu denen das Fleisch zu schnell verdarb.

5.1. Dörren

Wurde schon früher in diesem Kapitel erwähnt. Dörrfleisch hält sich bei jeder Temperatur und bei trockener Lagerung wochenlang. Die Garzeit von Gerichten mit Dörrfleisch erhöht sich natürlich, da das Fleisch erst wieder aufweichen muss.

5.2. Vakuumverpackungen

Wer Fleisch und Wurst vakuumverpackt kauft oder an der Fleischtheke darum bittet, erhöht damit seine Haltbarkeit auch - je nach Außentemperatur und Kühlmöglichkeit - ein wenig. Das gilt natürlich nur, solange die Verpackung nicht geöffnet wird.

5.3. Marinieren und Beizen

Unter Marinieren versteht man (meistens) das Einlegen von Fleisch oder Fisch in Öle und Gewürze. Bei einer Beize verwendet man Säure wie Essig oder Weißwein zum Einlegen. Öl verschließt die Oberfläche des Fleisches und man gewinnt dadurch - bei gleichzeitiger Kühlung - ein bis zwei Tage Haltbarkeit. Beize erhöht diesen Zeitraum durch die darin enthaltenen keimtötenden Säuren.

Bei einer ölhaltigen Marinade muss darauf geachtet werden, dass das Fleisch vollständig mit Öl bedeckt ist. Hier bietet sich Transport und Lagerung in einem fest verschließbaren Schraub- oder Bügelglas an. Aber auch diese Methode ist keine Carte Blanche für allzu sorglosen Umgang.

Nur absolut frisches Fleisch darf zum Marinieren oder Beizen verwendet werden und auch hier muss die Kühlkette möglichst lückenlos erhalten bleiben. Ohne zusätzliche Kühlung können gerade bei der Öl-Variante Keime, die sich unter Luftabschluss extrem wohlfühlen (z. B. Clostridium botulinum, der Auslöser von Botulismus), zu Höchstleistungen auflaufen.

Eine weitere Gefahr entsteht durch die starke Würze marinierten oder gebeizten Fleisches. Erste Stadien des Verdorbenseins werden durch den intensiveren Geruch und Geschmack möglicherweise überdeckt.

Für den LARP-Bedarf ist eine säurehaltige Beize der ölbasierenden Marinade vorzuziehen. Der zusätzliche Vorteil beim Einlegen mit Essig oder Wein besteht in der dadurch verkürzten Garzeit. Auf den Zusatz von Salz kann verzichtet werden, da Salz dem Fleisch Flüssigkeit entzieht und es dadurch weniger saftig und geschmackvoll wird.

Tipp - Zwei Fliegen mit einer Klappe

Sehr frisches Fleisch wird zusammen mit der Marinade in einen dicht schließenden Beutel oder Behälter gegeben. (Kein Glas! Vakuumverpackung wäre ideal.)
So vorbereitet wandert das Ganze mindestens über Nacht in die Tiefkühltruhe (bei Truhen oder Schränken mit Super- oder Blitzgefrierfunktion diese nutzen). Direkt vor der Abreise nimmt man den gefrorenen Block aus der Truhe und legt ihn in die Kühltasche. Dort kühlt er, zusätzlich zu den Kühlakkus, den restlichen Inhalt und im Verlauf des Auftauens mariniert das Fleisch bis zum Verzehr. Ein Beispielrezept findet ihr im Rezeptteil (Beutelschneiders Hühnerpfanne).

5.4. Pökeln

Beim Pökeln gibt es zwei Varianten: Das Nass- und das Trockenpökeln.

Beim Nasspökeln wird das Fleisch in eine Salzlake eingelegt, beim Trockenpökeln mit Salz eingerieben oder bedeckt. Pökeln entzieht dem Fleisch - wie das Dörren auch - Flüssigkeit und somit den Nährboden für Keime. Historisch gesehen werden diese Methoden seit der Antike eingesetzt, von denen besonders die Seefahrt profitierte.

Da es sich bei Pökelsalz jedoch nur sehr selten um reines Kochsalz handelt, sondern um ein Gemisch aus Salz, Natrium, Kaliumnitrit oder Kaliumnitrat (Salpeter), ist vom Pökeln zu Hause eher abzuraten. Wer gepökeltes Fleisch mit auf ein Con nehmen möchte, wendet sich an einen Fachmann, am besten einen (selten gewordenen) Metzger vom alten Schlag. Gesundheitlich gibt es Bedenken gegenüber gepökelten Lebensmitteln.

Einmal werden viele Eiweiße und Mineralstoffe im Pökelgut zerstört und Stoffe wie Methämoglobin oder Nitrosamine, die beim Pökelvorgang entstehen können, sind gesundheitsschädigend bei Kleinkindern oder stehen im Verdacht, krebserregend zu sein.

5.5. Anbraten

Frisches Fleisch kann kurz von beiden Seiten angebraten und dann eingefroren werden. Wie schon vorher beschrieben, kann das Gefriergut in der Kühltasche mitgenommen werden und nach dem Auftauen fertig gebraten werden. Die Lebensmittelsicherheit ist hierbei etwas höher als bei der Mitnahme von tiefgefrorenem, rohem Fleisch.

6. Strategien

Dass Lebensmittelsicherheit - wenn auch indirekt - dem ungestörten Spielspaß dient, konnten wir hoffentlich vermitteln. Um sie nicht zu so viel Arbeit ausarten zu lassen dass sie einzelne Spieler jedoch völlig um denselben bringt, wäre unser Vorschlag - sofern möglich - Aufgabenteilung einzurichten.

Der Gruppenkoch hat wahrscheinlich ohnehin schon alle Hände mit dem Zubereiten der Lebensmittel zu tun, somit könnte es ebenso den Quasi-Posten des Lebensmittel-Verwalters geben.

Dieser achtet darauf, dass nach dem Frühstück alles schnell wieder weggeräumt wird und auch tagsüber nichts Verderbliches herumsteht. Er kontrolliert den Zustand der Kühlbox, achtet darauf ob Eis nachgekauft werden muss, Insektenbefall droht oder ein gammeliges Stück das Milieu zum Kippen bringt.

Ein wenig Aufmerksamkeit als Preis für ungestörtes LARP-Erlebnis.

Tipps rund um Essen & Trinken auf LARPs und Märkten

1. Allgemeine Tipps

Auch wenn die Vorstellung eher utopisch ist, dass Live-Rollenspieler einen Con ausführlich planen, statt auf der Hinfahrt noch schnell in einen Supermarkt zu rennen... Planung im Voraus kann Zeit und Nerven während des Cons sparen. Daher findet ihr im Anhang nützliche **Checklisten.**

Eigentlich sollte dieser Tipp selbstverständlich sein, leider sieht die Realität aber so aus, dass selbst professionelle Köche, vor allem in Bereichen, in denen es schnell gehen muss, wie z. B. in Großküchen, vergessen, ihre Kreationen auch zu kosten. Daher: **Nie nur nach Rezept kochen, sondern alles auf Geschmack und Konsistenz prüfen.**

Wasser, Wasser und nochmals Wasser!

In den meisten Fällen gibt es genug Trinkwasser vor Ort. Aber es kommt doch vor, dass das Wasser auf dem ausgewählten Gelände, wo gespielt wird, nicht geeignet ist, um getrunken zu werden - sei es, weil es einfach scheußlich schmeckt, hygienisch bedenklich ist oder eben doch kein Wasser vorhanden ist. Auch das Trinken aus offenen Quellen ist nicht anzuraten, es sei denn, die Orga hat sich versichert, dass das Wasser ohne gesundheitliche Beeinträchtigungen zum Verzehr geeignet ist.

Erkundigt euch rechtzeitig, wie die Trinkwasserversorgung vor Ort aussieht, und erkundet im Idealfall Quellen für einen Einkauf von Trinkwasser. Hinweise dazu, wieviel Wasser ihr benötigt, gibt es im Kapitel ‚Mengenberechnung'. Schließlich sollt ihr am Ende eines Spiels nicht dehydriert in die Arme eines Sanis fallen, sondern entspannt nach Hause fahren können. Und wenn das Wasser, das aus den Leitungen kommt, zweifelhaft aussieht, setzt euch lieber noch einmal ins Auto und fahrt zum nächsten Supermarkt oder zur nächsten Tankstelle, um dort Wasser in Flaschen zu kaufen. Unter Umständen schadet es auch nicht, einen sauberen neuen Kanister allein für diesen Zweck dabei zu haben, Wasser aus der Leitung dürft ihr an Tankstellen eventuell sogar kostenlos mitnehmen, wenn ihr höflich fragt.

Ein nicht zu unterschätzendes Hilfsmittel für den LARP-Koch ist eine kleine **Handbürste.** Nicht nur, um die Fingernägel sauber zu halten, sondern auch, um bei Backarbeiten Teigreste schnell von den Fingern zu schrubben.

2. Sicherheitstipps

Thema: Öl ins Feuer gießen, Gerade bei Vollverpflegung oder für Feldküchen gilt **Brandgefahr** durch überhitztes Öl oder Fett. Es sollte jedem klar sein, dass Löschen mit Wasser lebensgefährlich ist, aber für alle Fälle erwähnen wir das doch lieber nochmal. Eine Branddecke sollte in jeder Küche bereitliegen.

Schnell geht ein Schnitt mit einem scharfen Küchenmesser mal daneben. **Wasserundurchlässige Pflaster sollten in jeder Küche griffbereit vorhanden sein,** damit man nicht erst mit schmutzigen Fingern im Erste-Hilfe-Kasten kramen muss.

Selbst wenn auf jedem Con mindestens ein Sani ist, bis der in der Küche eingetroffen ist, solltet ihr euch selbst helfen können. Der **Küchen-Erste-Hilfe-Kasten** sollte auf die häufigsten Verletzungen - Schnitt- und Brandwunden sowie Fremdkörper oder ätzende Substanzen im Auge - vorbereitet sein.
Schere, Pinzette, Verbände, Kompressen für Druckverbände, ölgetränkte Auflagen für Verbrennungen, Brandsalbe, Wunddesinfektionsmittel und eine Augendusche sollten enthalten sein.

Ein **Handy,** um gegebenenfalls auch gleich den Notarzt zu rufen - z. B. bei großflächigeren Verbrennungen oder Verbrühungen - sollte bereitliegen.

3. Tipps zum Ambiente

Brauner Rohrzucker, Palmzucker-Scheiben oder Honig auf dem Frühstücksbuffet oder im Lager machen sich meist besser als raffinierter, weißer Zucker. Schmeckt außerdem besser. Im Endzeit- oder SciFi-LARP ist natürlich durchaus auch der Einsatz von farbigem Zucker zu überlegen.

Je mythischer und geheimnisvoller ein Charakter entworfen wurde, um so lächerlicher wirkt er, wenn er des Morgens mit einem knallbunten Tetra Pak Saft in der Hand durchs Lager stolziert. Ein kleiner **Tonkrug** muss nicht teuer sein, sondern kann vielleicht für einen Euro auf dem Flohmarkt erstanden werden. Aber er rettet eventuell die Erscheinung des Charakters und schafft keine kleinen, rechteckigen OutTime-Blasen.

In Plastik eingeschweißter Käse in Scheiben ist sehr praktisch, wirkt aber im Lager auch furchtbar ambientezerstörend. Statt blind in die Kühltheke zu greifen, kann man einfach mal einen Halt an der Käsetheke einlegen und sich schönen **Käse am Stück** heraussuchen. Diesen zum Frühstück auf einem Brettchen anrichten, und jeder Mitesser kann sich mit dem eigenen Dolch davon absäbeln, was er haben möchte. Dazu noch etwas Schwarzbrot oder selbst gebackenes Brot, dann kommt auch schon beim Frühstück etwas rustikaleres Ambiente auf...

4. Tipps zum Backen

Wenn in den Rezepten Backpulver erwähnt ist, haben wir in den meisten Fällen Weinsteinbackpulver verwendet. Im Gegensatz zum Backpulver ‚von der Stange' bildet dies eine geschmackliche Verbesserung. Bei höheren Kosten, leider.

Hefeteige benötigen, um ideal aufzugehen, eine Umgebung, in der sie vor Kälte und Zugluft geschützt sind. Auf einem Selbstversorger-Zeltcon oder in einer zugigen Feldküche lösen diese Voraussetzungen bei erfahrenen LARP-Köchen meist nur ein hysterisches Lachen aus, besonders wenn das Wetter im Hochsommer gerade mal wieder April spielt. Dennoch ist es nicht unmöglich, den **Hefeteig gehen zu lassen.**

Wurde zum Beispiel Wasser warmgehalten, kann man den Topf vom Herd nehmen, ihn mit einem flachen Gegenstand abdecken und die Schüssel mit dem Hefeteig daraufstellen. Der Hefeteig wird mit einem sauberen Handtuch abgedeckt und dann wird die - vorsichtig abgestützte - Konstruktion gut mit Fellen, Umhängen oder Decken eingepackt.

Hefe ‚anfüttern': Egal ob Trocken- oder Frischhefe; Bevor man sie dem Teig zugibt, füttert man die Hefe mit einem Löffelchen Honig und etwas lauwarmen Wasser in einem ausreichend hohen Gefäß an.
Nicht aus den Augen lassen! Hefe geht rasch auf und verteilt sich dann über Arbeitsfläche und Boden.

5. Tipps zum Einkaufen

Großhandelseinkäufe: Wird geplant, in Zukunft noch weitere Cons auszurichten, und es wurde zu diesem Zweck ein Verein gegründet, ist es ganz nützlich, sich die Berechtigung zum Einkauf im Großhandel zu besorgen.

Um diese Berechtigung zum Beispiel von Metro zu erhalten, muss der Vorstand den Antrag stellen und einen Auszug aus dem Vereinsregister mitbringen. Der Vorstand kann allerdings auch eine Vollmacht ausstellen, damit der Antrag in Vertretung durch jemand anderen gestellt werden kann.

Einkauf beim Bauern vor Ort: Durch die heute übliche Intensivierung der Landwirtschaft bauen die meisten Bauern nur noch eine schmale Bandbreite von Produkten an. Konzentrieren sie sich auf Viehzucht, sind das meist gar nur Futtermais und -rüben.

Weiteres Obst und Gemüse bauen sie oft nur für den Eigenbedarf an, wie ein Kleingärtner auch.

Dennoch kann man sich umhören. Manchmal gibt es Bauern, die aus Liebhaberei zum Beispiel **alte Kulturpflanzen** ziehen, selbst Brot backen oder selbst schlachten. Mit diesen lohnt es sich auf jeden Fall in Verhandlungen zu treten, denn so frische Qualität erhält man nur selten.

Auch **Milch und Eier** kann man oft ohne Umwege vom nächsten Landwirt beziehen. Außerdem lohnt es sich nachzuforschen, was vor Ort üblicherweise angebaut wird, und das in die Speiseplanung einzubeziehen.
Manche **Bio-Bauernhöfe** bieten Bio-Kisten im Abo an. Für Live-Rollenspiele sind diese zwar weniger interessant, aber ein Bauernhof, der ohnehin eine Bio-Kiste im Programm hat, liefert euch bei Anfrage vielleicht auch Frischgemüse für die entsprechende Anzahl von Essern direkt an den Veranstaltungsort.

Ungewöhnliche Getreidesorten: Getreide, das früher Alltagsessen war, ist heute weitgehend aus unserem Speiseplan verschwunden, oder wir bekommen es nur noch fertig gebacken beim Bäcker zu kaufen. Wer die Rezepte aus diesem Buch mit althergebrachtem Getreide nachzukochen versucht, erhält dieses vor allem in Naturkost-, Bio- oder Reformläden. Die meisten Läden mahlen das Getreide kostenlos zur gewünschten Feinheit.

Anzumerken ist, dass Hafer mit Steinmahlwerken - wie sie die meisten dieser Läden einsetzen - nicht zu feinem Mehl gemahlen werden kann.

Auch wenn man versucht, so günstig wie möglich einzukaufen: Das Geheimnis guten Essens liegt immer in der Qualität der Zutaten. Daher auf ein a**usgewogenes Verhältnis zwischen Preis und Qualität** achten!

6. Tipps für die Großküche

Der wichtigste Punkt für eine Großküche: **Planung, Planung und nochmals Planung!** Sind ausreichende Kochstellen, Kochgefäße, Ausrüstung,

Nahrungsmittel vorhanden, ist die Hygiene gewährleistet, wieviele Leute müssen verpflegt werden, wer kocht, wie lang dauert das, wer kauft ein...?

Auf keinen Fall vernachlässigt werden sollte die **Auszeichnung der Gerichte**. Eine Schiefertafel oder ein Holzbrettchen bieten eine ambientige Möglichkeit den Spielern soviel Information wie möglich zukommen zu lassen. Und selbst wenn die Charaktere meist nicht lesen können, so beherrschen es doch die Spieler selbst. Und diese können sich entscheiden, die Ablehnung eines Gerichtes dann auch auszuspielen: „Bah, das riecht nach Schlangenfraß, das esse ich nicht!"

Die Auszeichnung verhindert, dass z. B. **Nahrungsmittelallergiker** das Falsche in den Magen bekommen, und erspart der Orga und den Sanitätern Arbeit und Nerven.

Je nach Con und Teilnehmern kann es auch sinnvoll sein, direkt auszuzeichnen, ob ein Gericht mit Fleisch, Fisch, vegetarisch oder gar vegan ist.
Da, wo eine Taverne oder ähnliche Umgebung zur Verfügung steht, kann man auch **Getränke anbieten, die in den Rahmen passen.** Der Winzer oder Mostproduzent aus der Region kann vielleicht ein Fässchen Apfelwein und -saft oder einen Schoppen im Holzfässchen mit einfachem Zapfspund anbieten. Steht eine solche Ausrüstung zur Verfügung (die ausreichend gereinigt und desinfiziert ist!), kann man daraus natürlich auch einfach Wasser zapfen.

Grenzen stecken: Oftmals gerät die Küche auf Live-Rollenspielen unfreiwillig zum Zentrum der Orga- undNSC-Tätigkeiten. Sei es, weil es dort meist kuschelig warm ist, sei es, weil man auf den Ablagen wunderbar auch die Schminke und die Teilnehmerlisten ablegen kann, sei es, weil man schnell noch vor dem offiziellen Frühstück einen Kaffee kippen und ein Kippchen rauchen muss, damit der erste Orkangriff auch noch rechtzeitig kommt...

Die Dauerbelagerung der Küche führt jedoch nicht nur Stress bei den Köchen, sondern auch zu Hygieneproblemen und Verzögerungen beim Essen.

Kippenrauch, Aschenbecher, nasse Klamotten, Schminke, Orkmasken, Regelwerke und Dokumente gehören nicht in die Küche, ebensowenig wie herumstehende Leute und Topfgucker.

Steckt die Grenzen mit der Orga zusammen <u>vor</u> dem LARP ab und lasst euch versichern, dass die Küche euer eigenes Reich ist. Selbst wenn das geschehen ist, werden Probleme und Maulereien, dass ihr Spaßverderber seid und es doch gefälligst nicht so eng sehen sollt, nicht ausbleiben.Versucht ruhig und freundlich zu bleiben, auch wenn es schwerfällt. Akquiriert jeden, der in der Küche herumsteht oder -sitzt, zum Abwaschen. Das könnte helfen...

Ein Fläschchen **Essigessenz oder Citronensäure-Pulver** sollte immer dabei sein. Ihr werdet euch wundern wie oft man erst mal die Wasserhähne bzw. deren Siebchen, Töpfe, Wasserkocher oder Kaffeemaschinen entkalken darf.

7. Tipps zum Kochen

Wenn ihr Wasser zum Kochen bringt, zum Beispiel um Kartoffeln oder Nudeln zu garen, salzt das Wasser erst, wenn es kocht. Ansonsten erhöht sich die Kochzeit deutlich, was besonders dann ins Gewicht fällt, wenn ihr viele Liter Wasser benötigt. Bei Hülsenfrüchten sollte das Kochwasser gar nicht gesalzen werden, da sich die Garzeit dadurch verlängert.

Kocht ihr ein Gericht bei dem **Kartoffeln und Säure** in irgendeiner Form aufeinandertreffen, z. B. in Form von Zitronensaft, Essig oder auch nur saurer Sahne, fügt diese Zutaten erst hinzu, nachdem die Kartoffeln gar sind. Säure verlängert die Garzeit von Kartoffeln um ein Vielfaches.

Schlagt Eier nie direkt in die Schüssel auf, sondern einzeln in eine Tasse oder ein Glas. Einmal stellt ihr so rechtzeitig fest ob ein Ei verdorben ist bevor es das restliche Gericht ruiniert und zudem lassen sich kleine Schalenteile dort noch leichter herausfischen.

8. Tipps zu Kochkatastrophen

Angebranntes Essen muss noch nicht ganz verloren sein. Habt ihr noch rechtzeitig bemerkt, dass euer Essen angebrannt ist (also irgendwann bevor blauschwarze Rauchschwaden die Küche füllen), dann lautet die erste Regel: Nicht umrühren! Schnell einen Löffel probieren und wenn der angebrannte Geschmack noch nicht in den Rest des Gerichts vorgedrungen ist, in einen sauberen Topf umgießen und den angebrannten Topf sofort gut einweichen.

Versalzenes Essen kann man retten, indem man entweder ein oder zwei rohe Kartoffeln mitkocht oder etwas Honig zugibt.

Wenn alles verloren ist, heißt es kreativ werden. Sind noch Reste von früheren Essen da, die man aufpeppen kann? Was gibt die Vorratskiste her? Was geht schnell, denn meist wird das Essen ja schon erwartet. Aus etwas Butterschmalz, Mehl, einem Schuss Wein oder Senf lassen sich schnell Wein- oder Senfsößchen zaubern, die vielleicht einen einfachen Reis schmackhaft machen. Aus altem Brot zaubert man schnell eine Brotsuppe. Und schlimmstenfalls bricht man lauthals in Panik aus und hofft darauf, dass kochkundige Spieler in der Umgebung stehen – oder vielleicht sogar ein Charakter namens Insa. ;-)

9. Tipps zu Küchenutensilien

Ein **Nudelholz** kann durch eine saubere, gerade Glas- oder Steingutflasche ersetzt werden.

Ein **Schneebesen** kann bei kleineren Mengen durch eine Gabel ersetzt werden.

Ein **(Nudel-)Sieb** kann durch ein wirklich sauberes Tuch ersetzt werden.

(Vorsicht: Verbrühungsgefahr!)

10. Tipps zur Mülltarnung und -entsorgung

Nur wenig bringt einen Platzwart oder Besitzer mehr in Rage als lose umherfliegender Müll, der im schlechtesten Fall auch noch die Nachbarn belästigt oder Ungeziefer anlockt. Und nur wenig produziert auf einer Veranstaltung mehr Müll als Essen und Trinken...

Gerade auf Selbstversorger-Cons sollte daher vorher eine **Müllstrategie** entworfen werden. Sind auf dem Platz schon Müllbehältnisse vorhanden, sind das meist die bekannten Metallgestelle, in die lose ein (meist blauer) Müllsack eingehängt wird. Sehr schick.

Diese kann man dennoch nutzen, aber zum Beispiel mit Schilfmatten tarnen.

Gibt es noch keine Müllbehälter, bieten sich folgende Lösungen an: Blech- oder Plastiktonnen, mit Schilfmatten umgeben oder anderweitig getarnt, Holzfässer (nicht gerade leicht zu besorgen und wo zwischen den Cons zu lagern?), alte Säcke z. B. von einer Mühle oder aus einem Teegroßhandel, dort hinein graue Müllsäcke geben und so befestigen, dass kein Müll zwischen Müllbeutel und Außenbehälter fallen kann, und eine Möglichkeit anbringen, den Sack zu verschließen.
Diese Methode eignet sich auch für den privaten Müllsack auf einem Selbstversorger-Con.

Überhaupt sollte darauf geachtet werden, dass die Behältnisse abgedeckt oder verschlossen werden können, um keine Wespen-Partys herauszufordern.

Organische Abfälle wie Essensreste oder Gemüseabfälle könnten z. B. Auch vergraben werden – wenn der Besitzer des Platzes damit einverstanden ist und sich dadurch keine Stolperfallen ergeben.

Als Veranstalter sollte man sich schon vor dem LARP über die Beseitigung des Abfalls im Klaren sein und am besten schon mit dem örtlichen Entsorger gesprochen und einen Pauschalbetrag ausgemacht haben, zu dem man den getrennten Müll abliefern darf. Zahlt man pro Kilo, können nach dem Con ungeahnte und uneingeplante Kosten auf einen zukommen.

11. Tipps zu den Zutaten

Milchersatz
Laktoseallergiker können die Milch in unseren Rezepten natürlich durch Sojamilch ersetzen. Wo Milchpulver verwendet wird, gibt es ebenso Instant-Sojapulver zu kaufen.

Milchpulver
Vollmilchpulver wird sehr schnell ranzig und ist daher nur selten zu erhalten. Magermilchpulver sollte auch nicht zu lange offen aufbewahrt werden. Daher höchstens kurz vorm LARP anbrechen und schnell verbrauchen. Keine Reste vom Pulver oder Fertigmischungen bis zum nächsten Mal aufheben.

Eiersatz
Wem das Mitnehmen von frischen Eiern auf ein LARP zu kritisch ist – sei es nun wegen der Lebensmittelsicherheit oder der Bruchgefahr –, der kann auch hier auf Trockenprodukte ausweichen. In Outdoor-Läden erhält man Trockenvollei in wasserdichter Verpackung. Der Inhalt entspricht 2 großen Packungen und der Preis liegt knapp über dem Preis von 2 10er-Packungen guter Bio-Eier, ist also durchaus noch im erträglichen Bereich.

In manchen Bio- oder Reformläden findet man Eiersatz, indem entweder das ganze Ei durch pflanzliche Stoffe ersetzt wird oder nur der Eidotter. Wenn, dann würden wir zu der Variante raten, bei der lediglich der Eidotter ersetzt wird.

12. Tu das nicht!

Jagen, Angeln und Fallenstellern ohne Jagdschein
Persönlich könnt ihr damit richtig Ärger bekommen, Platzvermieter können von einer neuerlichen Vermietung abgeschreckt werden und der LARP-Szene als Ganzes tut es auch nicht gut, wenn aus ihrer Mitte heraus Straftaten begangen werden.

‚Witzige' Zutaten ins Essen mischen
Auch wenn die Idee ihren Reiz haben mag, dass alle nach Luft japsen, weil man mit Tabasco nachgewürzt hat, oder alle mit einer schwarzen Zunge rumlaufen... Wenn die Spieler aber nicht ausreichend und gut zu essen bekommen, ist ein gewichtiger Punkt dieses spezielle LARP toll zu finden, schon mal weg. Witze, über die man nur alleine lacht, sind keine.

Zutaten verschweigen
Ein Lehrer ereiferte sich während einer Klassenfahrt einmal über Vegetarier und schlug eine ganz spezielle Lösung vor, um deren Bedürfnis nach fleischloser Nahrung zu befriedigen: *„... da hat der Koch eben das Fleisch in der Suppe ein bisschen kleiner geschnitten und wir haben das Licht etwas runtergedreht. Die haben danach gesagt, sie hätten noch nie eine Suppe gegessen, die so gut schmeckte."*

Ob die Geschichte wahr oder nicht wahr ist, als Koch oder Veranstalter sollte man die Grenzen der Spieler akzeptieren. Ob diese aus religiösen, weltanschaulichen oder gesundheitlichen Gründen vegetarisch essen wollen, ist gleichgültig. Wenn Fleisch enthalten ist, selbst wenn nur Speck als Basis benutzt wird, sollte es bekannt gegeben werden. Auch Diabetikern, Lebensmittelallergikern und Alkoholikern darf nichts verschwiegen werden. Nicht mal wenn man, beim letzten Fall, der Meinung ist, dass aller Alkohol garantiert verkocht sei...

Minderwertige Ware kaufen
Es geht die Legende um, dass auf den Kartoffelsäcken der Bundeswehr *‚Nur für Schweinezucht und Bundeswehr'* aufgedruckt steht. Für Veranstalter sollte es dennoch ein absolutes No No sein, angeschlagene, angegammmelte oder Ware mit abgelaufenem Verfallsdatum billigst einzukaufen, um Kosten zu sparen.

Mundraub
Wenn ein Maisfeld direkt neben dem Spielort ist, sollte es keine Maiskolben zum Abendessen geben und auch keine Pflaumen und Äpfel, weil der Obsthain doch nur um die Ecke liegt. Wenn doch... man kann die Besitzer auch einfach vorher fragen.

Hygiene
Benutze keine Kochutensilien, an denen noch Reste vom letzten Essen hängen. Wenn du Fleisch oder Fisch verarbeitet hast, reinige Schneidebretter und Messer mit kochendem Wasser.

Gewaltmärsche
... ohne Essen oder Trinken mitzunehmen.

Exkurs - Charaktertyp: Otternasen, Otternasen!

Wer hätte es besser festhalten können, als die Star Trek Rasse *Ferengi* in ihren 285 Erwerbsregeln: **Krieg ist gut für das Geschäft – Frieden ist gut für das Geschäft**.

Überall, wo sich eine Schlacht zusammenbraut, aber auch überall, wo überhaupt Menschen zusammenkommen, trifft man auf Marketender, Händler und Bauchladenverkäufer.

Gerade letzteren kann ganz nebenbei die nützliche Rolle zufallen, eine gleichmäßige Versorgung der Spieler zu garantieren.

Ob ein Händler nun im Auftrag der Orga handelt und im Con-Beitrag inbegriffen kleine Snacks und Getränke verteilt, oder ob er diese als Spieler-Charakter zu einem günstigen (Selbstkosten-)Preis an die anderen abgibt, hängt im Endeffekt von der Veranstaltung und den Beteiligten ab.

Dieses Buch bietet eine Reihe von Snack-Rezepten, von Dörrobst über Dörrfleisch bis hin zu ‚Elbenbrot'. Diese und ein voluminöser Schlauch voller Birnen-Saft oder ähnlichen Getränken... und schon ist er fertig, der **Retter von Kampfeskraft und Spielfreude.**

Symbole des Rezeptteils und ihre Bedeutung

Rezepte die mit diesem Zeichen versehen sind, können mit geringer Ausrüstung über einem **Kochfeuer** zubereitet werden – Kessel und Pfanne vorausgesetzt.

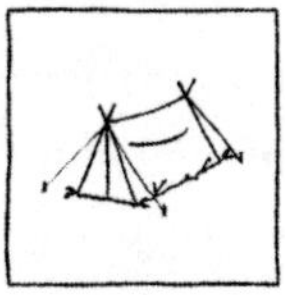

Diese Rezepte sind etwas aufwändiger, daher empfehlen wir eine **Feldküchenausrüstung** mit Gasflammen und eventuell einem Backofen oder Selbstbau-Backofen.

Die mit einem Haus ausgezeichneten Rezepte benötigen eine gut **eingerichtete Küche**, einen Backofen oder eventuell sogar nicht InTime-fähige Hilfsmittel (z. B. Mixer).

Rezepte mit diesem Zeichen müssen **zu Hause vorbereitet** werden.

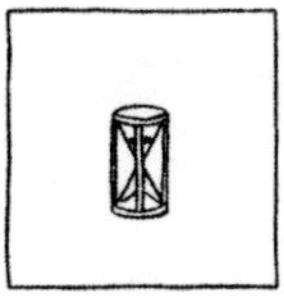

Diese Rezepte sind **besonders schnell** umzusetzen.

Diese Rezepte sind **zeit- oder arbeitsaufwändig**. (z.B weil Teig gehen muss oder viele Arbeitsgänge nötig sind)

Rezepte mit der Möhre sind für **Vegetarier** geeignet.

Genres

Mittelalterliche Kochbücher enthalten eigentlich nie Hinweise auf die Speisen des einfachen Volks, dementsprechend sind viele der angeführten Gerichte eher schon etwas für den Adelstisch. Sie sind nach bestem Wissen und Gewissen recherchiert und für die Gegenwart kochtauglich gestaltet.

Ins Genre **Kelten** fallen Rezepte keltischen Ursprungs aus diversen Epochen. Nicht jedes Rezept passt also zu einem Kelten des Altertums, aber frühe Rezepte haben sich bis heute erhalten.

Ausgefallene, deftige und ambientige Gerichte für **Fantasy**-LARPs findet ihr unter diesem Zeichen. Auf die beliebten Nudelgerichte haben wir weitgehend verzichtet, denn was man täglich zu sehen bekommt erscheint einem in einer fremden Welt nicht mehr passend.

Die englische Küche enthält noch viele Bestandteile ihrer keltischen Wurzeln, daher gibt es im Bereich **Gaslight** häufig Überschneidungen mit dem Genre Kelten. Die viktorianische Küche zeichnet sich auch durch den zunehmenden Einsatz von Kolonialwaren aus.

Darkover-Cons sind in den vergangenen Jahren im Kommen und möglicherweise wird die Beliebtheit der Welt unter der roten Sonne noch steigen. Durch die mittelalterlich angehauchte Kultur Darkovers können die meisten Rezepte jedoch auch für andere Genre verwendet werden.

Mais, Speck, Trockenfleisch. Deftiges Essen für endlose, gefährliche Trecks. All dies findet ihr unter dem **Western**-Symbol.

Ob Replikator-Fraß oder ob die letzte Kuh verstrahlt wurde... Auch Menschen und Mutanten zukünftiger Zeiten müssen essen. Unter diesem Symbol findet ihr Rezepte für **SciFi**- oder **Endzeit**-Cons.

DIE REZEPTE

Zwischenmahlzeiten & Marschrationen

Algen-Reis-Bällchen
Dracheneier
Elbisches Reisebrot
Elfen-Riegel
Gedörrte Fleischstreifen – Jerky
Gewürzte Möhren
Hobbit-Riegel
Honig-Nussriegel
Marinierte Auberginen
Rotweinbohnen
Sandwiches zum Tee (Lady Heather's Tea Time)
Sauer eingelegte Sardinen
Sonnenblumen-Taler
Tabouleh
Wurstsalat

ALGEN-REIS-BÄLLCHEN

250 g Sushireis, Wasser, 2 Esslöffel Reisessig,
2 Esslöffel Zucker
1 Teelöffel Salz, 3 Esslöffel Sesamsamen
1 Paket Noriblätter, Wasabipulver
eingelegtes Gemüse im Glas oder Steinguttopf, nach Belieben

Dörrapparat (unerlässlich)

Den Sushireis nach Packungsanweisung zubereiten. Essig, Zucker und Salz zusammen erwärmen und abkühlen lassen, dann mit dem Reis mischen. Sesamsamen unterarbeiten. Ganz auskühlen lassen. Auf Folie im Dörrapparat trocknen, bis alles sehr trocken ist. Grob in 4 Portionen teilen.

In einzelne Portionsbeutel füllen.

Am Tag der Zubereitung den Inhalt eines Beutels am Morgen mit einem (Kaffee-)Becher voll heißem Wasser übergießen, abdecken. Bis zum Abend ist der Reis gequollen. Wasabi anrühren (1 Teelöffel Wasser auf 1 Teelöffel Pulver), kurz quellen lassen. Aus den Noriblättern Streifen reißen, mit dem Reis belegen, Wasabi und nach Wunsch Gemüsestückchen darauf tun, zusammenrollen und essen.

* * *

DRACHENEIER

10 Dracheneier - ersatzweise Hühnereier
1/2 Liter Rote-Beete-Saft, 3/4 Liter Wasser
1 kleine Zwiebel, 1 Knoblauchzehe nach Wunsch
1/4 Liter Essig, 1 Lorbeerblatt
10 Pfefferkörner, 1 Stück Zimtstange, 4 Gewürznelken,
1 Muskatblüte (ersatzweise etwas geriebene Muskatnuss)
1/2 Teelöffel Salz
etwas blaue Lebensmittelfarbe, je nach Sorte

Die Eier hart kochen. Die restlichen Zutaten in einem Topf vermischen und unter Rühren und dem Aufsagen magischer Bannsprüche einmal aufkochen lassen. Die Schale der Eier rundum anklopfen, so dass sie anknackst, aber zusammenhält. Eier in den Sud einlegen und 2 Tage an einem kalten Ort durchziehen lassen, dabei morgens und abends wenden.

Vorsicht, der Sud färbt! Zum Schälen am besten die Eier mit einem Löffel oder einer Zange aus dem Sud nehmen (Finger gehen auch, aber sie werden dabei Farbe annehmen). Schälen – auch hier empfiehlt sich Vorsicht oder das Abreiben der Eier mit Papier, wer SciFi spielt, könnte Latexhandschuhe zum Schälen verwenden.

Die Dracheneier nach Lust und Laune pur, mit Brot, Senf oder Remoulade verspeisen.

* * *

ELBISCHES REISEBROT

Legolas: „Lembas Bread, one bite is enough to fill the stomach of a grown man!"
Merry: „How many did you eat?"
Pippin: „Four."

(Legolas Greenleaf, Pippin und Merry in
The Lord of the Rings: The Fellowship of the Ring - Extended Version)

3 Eier, 250 g Wildblumen-Honig (1/2 Glas)
1 Esslöffel geriebene Orangenschale,
2 Esslöffel Orangenblütenwasser
85 g Mandeln, ganz oder gemahlen
1/4 Tasse zerlassene Butter, 2 1/2 Tassen Weizenvollgrieß
1/2 Teelöffel Salz
2 gehäufte Esslöffel getrocknete Orangenblüten

Orangenblütenwasser und getrocknete Orangenblüten erhält man in einer gut sortierten Apotheke.

Die Eier, den Honig, Orangenschale, Orangenblütenwasser, Mandeln und die Butter zusammen in einen Mixer geben und gut durchmischen - wenn ihr ganze Mandeln verwendet habt, mindestens bis diese vollständig zerkleinert sind. Eine Tasse Weizengrieß zugeben und noch einmal im Mixer vermengen.

Die Masse in eine Schüssel geben, dort den restlichen Grieß und das Salz dazugeben. Zum Schluss die getrockneten Orangenblüten unterrühren.
Ein Backblech mit Backpapier auslegen und etwa ein Drittel bis die Hälfte der Masse darauf gleichmäßig dünn ausstreichen.

Backofen auf 250 Grad vorheizen und in 10-15 Minuten hellbraun backen. In gleichmäßige Rechtecke schneiden und auskühlen lassen. Der Teig reicht für 2-3 Bleche Elbenbrot.

* * *

Elfen-Riegel

Eine stärkende Zwischenmahlzeit für den Kämpfer, gut in ein Pergamentblatt einzuschlagen. Den Riegel zu Hause backen und mit zum LARP nehmen.

Für 12 Riegel braucht man

150 g grobe Haferflocken, 2 Teelöffel gemahlenen Kardamom, 75 g weiße Kuvertüre, 100 g getrocknete, kandierte Ananas, 100 g Trockenaprikosen, 100 g helle Rosinen, 4 Esslöffel weiße Sesamsamen (geschälter Sesam), 3 Esslöffel Honig, 50 g Zucker, 5 Esslöffel Wasser, 2 Eiweiß

Haferflocken und Kardamom vermischen und in einer Pfanne trocken anrösten. Kuvertüre hacken, Ananas und Aprikosen fein würfeln. Alle trockenen Zutaten, bis auf die Kuvertüre, vermengen.

Honig, Zucker und Wasser zusammen aufkochen, unter die Haferflocken rühren. Kuvertüre zugeben und unterrühren. Danach das Eiweiß einarbeiten. Die Masse in eine gut gefettete Kastenform (30 cm) füllen, mit einem Löffelrücken glattstreichen. Im heißen Backofen bei 150 Grad Celsius auf der 2. Schiene von unten 35 Minuten backen. Auskühlen lassen, in Riegel zerteilen und in Pergamentpapierstücke einwickeln, evtl. mit einem Bindfaden verschließen.

* * *

Gedörrte Fleischstreifen - Jerky

Jerky, die Cowboynahrung, ist nichts anderes als gewürzte und gedörrte Fleischstreifen. Eine ideale In-Time Nahrung, die man zwischendurch aus dem Beutelchen essen kann und wo man mit wenig Gewicht viel Nährwert und Eiweiß bekommt. Die Markierung für den Western steht hier nur beispielhaft, je nach Würzung passt das Trockenfleisch in fast jeden LARP-Kontext.

Ihr braucht:

Rindfleisch, möglichst mager, am Stück, z. B. günstiges Steakfleisch

Marinadenzutaten - flüssige Marinade:
Sojasauce, Knoblauch, Pfeffer

Marinadenzutaten - trockene Marinade:
scharfes Paprikapulver, Kräutersalz, Oregano, getrocknet

einen Dörrapparat

Grundsätzlich besteht Jerky aus Rindfleisch, das gewürzt, evtl. mariniert und später gedörrt/getrocknet wird. Dabei ist es wichtig, mageres Fleisch zu haben und es von allen Sehnen- und Fettresten zu befreien. Das Fleisch schneidet man dann in fingerlange, möglichst dünne Streifchen.

Beim Würzen sind der eigenen Fantasie keine Grenzen gesetzt, nach Gusto und Einsatzzweck kann jeder etwas für sich selbst zusammenmischen. Übliche Methoden des Würzens sind der ‚dry rub', eine trockene Gewürzmischung, und eine flüssige Marinade, z. B. mit Sojasauce. Den Marinaden ist gemeinsam, dass sie kein Öl enthalten sollten, aber Säure wie Essig oder Wein ist durchaus erlaubt.

Eine der einfachsten Flüssigmarinaden ist fertig gekaufte Teriyakisauce. Unsere Version der Flüssigmarinade ist ganz ähnlich: Für 1 Pfund Fleisch 1-2 Knoblauchzehen pellen und in Scheiben schneiden (die müssen später wieder raus), mit den Fleischscheibchen mischen, alles gut pfeffern und knapp mit Sojasauce begießen, vermengen. 2-12 Stunden ziehen lassen.

Als trockene Gewürzmischung haben wir uns einen Western Style ausgesucht, aber auch hier könnt ihr z. B. die Grillgewürzmischung oder das Texmex-Chiligewürz (oder eure eigene Kreation) nehmen. Gewürze zu gleichen Teilen vermischen (wir haben hier je 1 Teelöffel auf das Pfund Fleisch genommen), einkneten, durchziehen lassen.

Nach dem Marinieren (Knoblauch herausnehmen) das Fleisch auf Trocknergittern verteilen und im Dörrapparat trocknen, bis das Fleisch beim Biegen knackt, aber nicht bricht. Möglichst luftdicht verpacken, damit das Jerky keine Feuchtigkeit zieht.

Im Notfall kann man das Jerky auch auf einem Gitter im Backofen trocknen, dann den Ofen auf 75 Grad einstellen und einen Kochlöffel in die Ofentür klemmen, damit die Feuchtigkeit entweichen kann. Die Variante mit dem Dörrapparat ist aber vorzuziehen (und verbraucht weniger Energie).

* * *

GEWÜRZTE MÖHREN

Dieses Möhrengericht hält sich auch ohne Kühlschrank einen Tag und wird dabei noch aromatischer. Gut mit Couscous und anderen Getreidemahlzeiten oder als Snack oder Vorspeise.

500 g Möhren
1 Esslöffel Zitronensaft
3 Esslöffel Olivenöl
1 Teelöffel Paprika edelsüß
1/2 Teelöffel Kreuzkümmelpulver
1 Teelöffel Salz
1 Prise Zimtpulver

Petersilie, gehackt - zum Bestreuen

Die Möhren putzen und soweit nötig schälen. In einen Topf mit kaltem Wasser geben (ganz lassen) und aufkochen lassen, etwa 10 Minuten kochen lassen. Abgießen, abkühlen lassen.
In der Servierschüssel Essig, Öl und Gewürze verschlagen. Die Möhren klein würfeln und in die Schüssel geben, gründlich mischen. Petersilie darüberstreuen und alles abschmecken. Noch ein wenig durchziehen lassen.

* * *

Hobbit-Riegel

Die Hobbit-Riegel sind eine Variante der *Elfen-Riegel.* Da Hobbits bekanntlich etwas hungriger sind als Elfen, ergibt dieses Rezept nur 10 Riegel.

150 g grobe Haferflocken
1 Esslöffel Zimt
60 g Halbbitterkuvertüre
100 g Trockenfeigen
100 g Trockenaprikosen
100 g dunkle Rosinen
3 Esslöffel würzigen Honig
50 g Zucker
5 Esslöffel Wasser
2 Eiweiß

Die Haferflocken und den Zimt in einer Pfanne trocken anrösten. Kuvertüre hacken, Feigen und Aprikosen fein würfeln. Bis auf die Kuvertüre alle trockenen Zutaten mischen.

Honig, Zucker und Wasser zusammen aufkochen, unter die Haferflocken rühren. Kuvertüre zugeben und unterrühren. Danach das Eiweiß unterrühren. Die Masse auf ein (gefettetes) Backblech geben und ein 20 x 20 cm großes Quadrat formen. Im heißen Backofen bei 150 Grad auf der 2. Schiene von unten 30 Minuten backen (Gas 1, Umluft 130 Grad) und auskühlen lassen.

In 10 Stücke schneiden und in Pergamentpapier wickeln, eventuell mit einem Bindfaden verschließen

***

Honig-Nussriegel

Auch diese Riegel sind in Wachspapier gewickelt eine gute Marschverpflegung. Sie sind zu Hause schnell und einfach vorzubereiten.

200 g brauner Rohrzucker
200 g Honig
200 g Butter
400 g kernige Haferflocken
eine knappe Handvoll Walnusskerne
eine knappe Handvoll Haselnüsse
eine Handvoll Dörrpflaumen (oder andere Trockenfrüchte)

Nüsse und Pflaumen nicht zu fein zerhacken. Butter in einen Topf geben und auf mittlerer Stufe erhitzen. Honig und Zucker zugeben, bis sich alles gut vermischt bzw. aufgelöst hat. Haferflocken, gehackte Nüsse und Früchte hinzugeben und alles miteinander gut verrühren.
Eine rechteckige Backform oder Auflaufschale fetten, die Masse hineingeben und glattstreichen. Ofen vorheizen, dann bei 180 Grad backen, bis die Ränder braun geworden sind.

Ganz auskühlen lassen, dann erst stürzen und aus der Form lösen. In Riegel schneiden.

* * *

Marinierte Auberginen

3 mittlere Auberginen, Salz, 250 g Dickmilch
gemahlener Kreuzkümmel, 1 Beutel Pfefferminztee
25 ml Olivenöl, Petersilie zum Bestreuen

Auberginen schälen und in halbzentimeterdicke Scheiben schneiden. Salzen, eine halbe Stunde ziehen lassen. Dickmilch mit dem Inhalt des Pfefferminzteebeutels, einer Prise Salz und einer Prise Kreuzkümmel verrühren. Die Auberginen trocken tupfen und im Olivenöl hellbraun braten. Abwechselnd mit der Dickmilch auf einen Teller oder in ein Schüsselchen schichten und mit Petersilie bestreuen. Dazu schmeckt Fladenbrot.

* * *

Rotweinbohnen

750 g grüne Bohnen
1/2 Liter Rotwein
1/4 Liter Rotweinessig
1 Teelöffel Salz
1 Zweig Bohnenkraut oder 2-3 Esslöffel getrocknetes Bohnenkraut
1 Knoblauchzehe
2 Lorbeerblätter
700 ml Olivenöl

Die Bohnen putzen und waschen und mit Wein, Essig, Salz, Bohnenkraut und den Lorbeerblättern auf mittlerer Hitze gar kochen – aber nicht zu weich, die Bohnen sollten noch Biss haben!

Die Bohnen mitsamt Bohnenkraut, den halbierten Knoblauchzehen und den Lorbeerblättern in Gläser oder irdene Gefäße füllen, die man gut verschließen kann, dann mit dem Öl aufgießen. Verschließen und kühl lagern.

Die Bohnen schmecken kalt oder auch angewärmt, pur mit Brot oder zu einem Stück Käse, Wurst oder Fleisch, und halten sich lange ohne Kühlung.

* * *

Sandwiches zum Tee - Lady Heather's Teatime

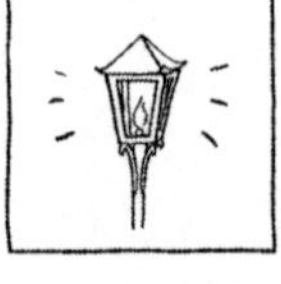

Zum viktorianischen Lebensstil gehört die „Teatime“ mit Gebäck und Sandwiches. Hier findet ihr drei Varianten, die Gebrauch von beliebten Kolonialwaren wie Ananas machen.

1. Einfaches Weißbrot für Sandwiches
2. Zitronen-Gurken-Sandwiches
3. Gurkensandwiches
4. Schinken-Ananas-Sandwiches

Einfaches Weißbrot

500g Weizenmehl, 1 Esslöffel Salz, 55 ml Olivenöl
1 Päckchen Trockenhefe, etwas Honig, Wasser

Die Hefe mit einem Teelöffel Honig und etwas lauwarmem Wasser anfüttern und wenige Minuten an einem warmen Ort stehen lassen. Das Weizenmehl mit dem Salz, dem Olivenöl, dem Hefeansatz und mehr warmem Wasser verkneten, bis es einen kompakten, nicht-klebenden Teig ergibt. Den Teig zu einer Kugel formen, mit etwas Mehl bestäuben und an einem warmen Ort 60 Minuten gehen lassen, dann durchkneten.

Eine Kastenform mit etwas Olivenöl fetten. Den Teig hineingeben und noch einmal mindestens eine halbe Stunde im Kasten gehen lassen. Den Ofen auf 220 Grad vorheizen und das Brot etwas über eine halbe Stunde lang backen, bis die Kruste goldbraun ist.

Zitronen-Gurken-Sandwiches

Weißbrotscheiben, 70 g weiche Butter
abgeriebene Schale einer Zitrone
1 1/2 Esslöffel Zitronensaft
Schwarzer Pfeffer, Salatgurke

Gurken schälen und in dünne Scheiben schneiden. Die Butter mit Zitronenschale und Zitronensaft verrühren und auf die Brotscheiben auftragen. Mit den Gurkenscheiben belegen, mit etwas Pfeffer bestreuen und mit einer ebenfalls mit Zitronenbutter bestrichenen Brotscheibe abdecken. Die Rinde entfernen und die Sandwiches in Dreiecke teilen.

Gurkensandwiches

Weißbrotscheiben, 3-4 gut gehäufte Esslöffel Mascarpone
2-3 Esslöffel Zitronensaft, Salz, Pfeffer
2-3 Esslöffel feine Schnittlauchröllchen, Salatgurke

Mascarpone mit dem Zitronensaft und den Schnittlauchröllchen vermischen, mit Salz und Pfeffer abschmecken. Die Weißbrotscheiben mit einer runden Form ausstechen, mit der Mischung bestreichen und mit einer dünnen Scheibe Gurke belegen.

Schinken-Ananas Sandwiches

Weißbrotscheiben, 250 g Kochschinken mit etwas Fett
1 Esslöffel Honigsenf, 1-2 Esslöffel Mayonnaise
1 Esslöffel feine Schnittlauchröllchen
eine Prise Pfeffer, Ananastücke

Schinken, Honigsenf, und Mayonnaise in einen Mixer geben und fein hacken. Ist die Mischung zu trocken, zur Not noch etwas Mayonnaise nachgeben. Schnittlauchröllchen unterheben und mit einer Prise Pfeffer abschmecken. Auf Weißbrotscheiben, die in Form geschnitten wurden, auftragen und mit einem Stück Ananas verzieren.

Die Sandwiches auf Anrichteplatten präsentieren und zum Tee reichen.

* * *

Sonnenblumen-Taler

100 g weiche Butter, 125 g Doppelrahmfrischkäse
1 Tasse Mehl, 1 Tasse geröstete Sonnenblumenkerne ohne Schale, 1/4 Teelöffel Cayenne-Pfeffer, 1/2 Teelöffel Salz, Paprikapulver

Butter und Frischkäse miteinander gründlich aufschlagen. Mehl und Salz einarbeiten, dann die Hälfte der Sonnenblumenkerne. Zu einer langen Rolle von etwa 3 cm Durchmesser formen, in Frischhaltefolie oder Wachspapier einrollen und 1-2 Stunden in den Kühlschrank legen.

Ofen auf 175 Grad vorheizen. Den Teig in dünne Scheiben schneiden. Restliche Sonnenblumenkerne auf einen Teller geben und die Scheiben hineindrücken. Auf ein ungefettetes Blech setzen, leicht mit Paprikapulver überpudern, dann im Ofen 12-15 Minuten goldbraun backen und auskühlen lassen.

Diese Taler sind sehr nahrhaft und halten sich gut. Die Sonnenblumenkerne außen bröseln allerdings schnell ab. Eine leckere Variante sind auch Sesamkörner statt Sonnenblumenkerne.

Legt man die Kekse hintereinander zu einer Rolle und schnürt diese vorsichtig in saubere, große Blätter ein, hat man eine wunderschöne InTime-Verpackung für Märsche oder den kleinen Hunger in einer Schlachtpause.

* * *

Sauer eingelegte Sardinen

8 Sardinenfilets, Mehl, Öl zum Braten, Salz
4 Schalotten, 4 Knoblauchzehen
Lorbeerblätter, Salbeiblätter
3 Tassen Weißweinessig, 1 Tasse Weißwein

Filets waschen und trocken tupfen. Mehl auf einen Teller geben und darin wenden. In Öl von beiden Seiten goldbraun braten, dann salzen. Auf einem Teller geben uns abkühlen lassen. Die Schalotten fein hacken und die Knoblauchzehen nur pellen.

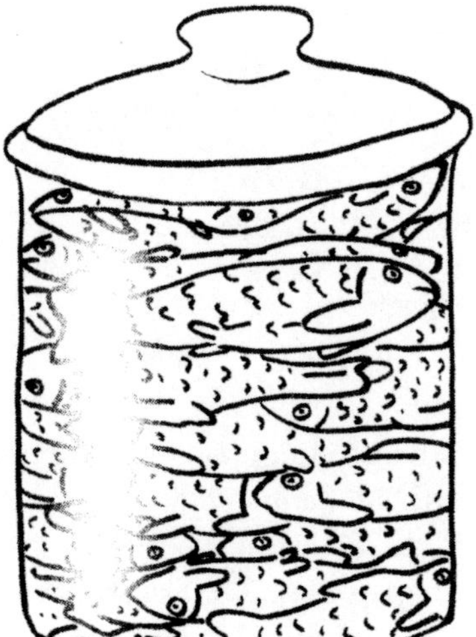

Beides zusammen in Öl leicht andünsten, aber nicht braun werden lassen. Die Gewürze dazugeben und dann mit genug Wein und Essig ablöschen, um die Filets ganz zu bedecken. Kurz auf kleiner Flamme köcheln lassen.

Derweil die Filets in ein Bügelglas schichten und mit der Essigmischung übergießen. Wenn die Flüssigkeit nicht ausreicht kann, noch Wein oder Essig nachgegossen werden, bis der gesamte Fisch bedeckt ist. Vor dem Verzehr über Nacht kühl stellen und durchziehen lassen.

Schmeckt gut als Zwischenmahlzeit mit Brot oder Fladenbrot.

* * *

TABOULEH

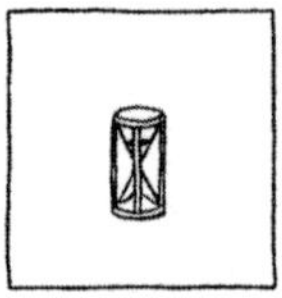

2 Tassen Bulgur, 1 Zwiebel, 6 Tomaten, 1 Bund Minze
2 Zitronen, Olivenöl, Salz, Pfeffer

Bei Bulgur, den man im gut sortierten Supermarkt oder beim türkischen Gemüseladen kaufen kann, handelt es sich um vorgekochten und getrockneten Weizen. Je nach Packungsangabe zwischen einer halben Stunde und mehreren Stunden in heißem Wasser einweichen.

Das Einweichwasser abgießen und den Bulgur in ein sauberes Küchentuch schütten. Das restliche Wasser herauspressen und den Bulgur dann in eine Schüssel geben.
Die Zwiebel fein hacken, die Tomaten vierteln, entkernen und würfeln. Die Minze hacken und die Zitronen auspressen. Alles mit dem Bulgur vermischen, dann mit Olivenöl, Salz und Pfeffer abschmecken.

Der Salat sättigt gut, passt zu Gegrilltem und erfrischt an heißen Tagen.

* * *

WURSTSALAT

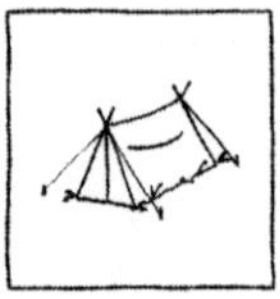

4 rote Zwiebeln, 1 weißer Rettich, 1 Salatgurke, 1 große rote Paprikaschote, 1 Ring Fleischwurst (400-500 g) in dünnen Scheiben, Salz und Pfeffer, 4 Teelöffel grobkörniger Senf, 6 Esslöffel (Wein-)Essig, 8 Esslöffel Öl, 1 Box Kresse

Die Gemüse putzen. Die Zwiebeln in dünne Ringe teilen, den Rettich grob reiben, salzen und kurz Wasser ziehen lassen – ersatzweise in dünnste Scheibchen schneiden. Die Gurke nach Wunsch schälen, längs halbieren, Kerne herausschaben und in schmale Scheiben schneiden. Die Paprika entkernen und in dünne Streifchen schneiden. Den geraspelten Rettich ausdrücken, die Wurst mit allen Gemüsen in der Salatschüssel gut mischen. Aus Essig, Öl, Salz, Pfeffer und Senf eine Salatsauce rühren, darüber gießen, 15 Minuten durchziehen lassen, Kresse darüber hacken.
Dazu gibt es Brot.

FRÜHSTÜCK

Apfelpfannkuchen
Buttermilch-Pfannkuchen
Getreidebrei
Habermus
Knusperfrühstück
Porridge
Scharfes Rührei
Zimt-Pfannkuchen

* * *

Apfelpfannkuchen

Lecker zum Frühstück.

Apfel
Mehl
Milch
Eier
Backpulver
Rohrzucker
Zimt
Öl bzw. Bratfett

Apfel schälen, entkernen und in kleine Würfel schneiden. Die Eier aufschlagen und mit einem Schneebesen gründlich verschlagen. Zucker und Zimt unterrühren. Mehl mit dem Backpulver vermischen, dann zügig unterheben und so lange verrühren, bis es keine Klümpchen mehr gibt. Wenn der Teig etwas zu fest ist, Milch zugeben, bis er schön flüssig wird. Die Apfelstückchen einrühren.

Etwas Öl in der Pfanne erhitzen und eine Suppenkelle voll Teig hineingeben. Von beiden Seiten goldbraun braten. Fertigen Pfannkuchen auf einen Teller geben und mit dem restlichen Teig den Vorgang wiederholen.

Pfannkuchen bis zum Verzehr warm stellen.

Variationen:

Statt in Würfel kann man die Äpfel auch in Scheibchen oder Ringe schneiden. Ebenfalls extrem lecker mit Blaubeeren statt Äpfeln. Aber natürlich kann man die Apfelpfannkuchen auch mit dem vorgemischten Teig für Zimt-Pfannkuchen zubereiten.

* * *

Buttermilch-Pfannkuchen

Die trockenen Zutaten für diese Pfannkuchen kann man auch zu Hause schon mischen.

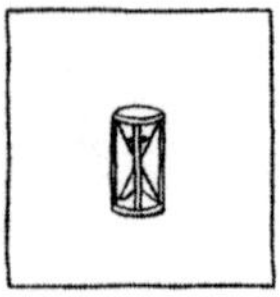

2 Becher Mehl
2 1/2 Teelöffel Backpulver
1 Teelöffel Natron
3/4 Teelöffel Salz
2 Esslöffel Zucker
2 Eier
2 Becher Buttermilch, randvoll; oder Milch plus etwas Zitronensaft, oder dünner Joghurt
3 Esslöffel Öl, plus Fett zum Braten
Blaubeeren, wenn verfügbar

Die trockenen Zutaten in eine große Schüssel geben. Die feuchten Zutaten, bis auf die Beeren, miteinander verrühren und dann zu den trockenen Zutaten geben, durchrühren, bis alles befeuchtet ist. Der Teig hält sich an einem kühlen Ort oder im Kühlschrank über Nacht, kann also schon am Vorabend angerührt werden.

Vor Verwendung den Teig vorsichtig umrühren, wenn er zu dick ist, mit wenig Wasser verdünnen. Fett in einer großen Pfanne erhitzen. Pro Pfannkuchen etwa 3 Esslöffel Teig hineingeben. Wenn sich kleine Bläschen auf der Oberfläche bilden, die Pfannkuchen wenden. Wer Blaubeeren hat, sollte sie vor dem Wenden auf die flüssige Oberseite streuen und eventuell etwas andrücken. Pfannkuchen auf mittlerer Hitze fertig braten und mit Honig, Marmelade oder Ahornsirup servieren.

* * *

Getreidebrei

Getreidebrei ist auf Darkover ein häufig anzutreffendes Frühstück. Die meist warm gegessene Mischung aus Getreide mit Trockenfrüchten und Honig.

4 hungrige Esser erhalten mit diesem Gericht einen wärmenden, stärkenden Start in den langen, kalten Tag.

250 g Hirsesamen, 1 1/2 Liter heiße Milch
Trockenfrüchte nach Wunsch
Honig zum Süßen
1 Prise Salz, etwas Butter

Man wäscht 1/2 Pfund Hirsesamen und rührt sie in 1 1/2 Liter heiße Milch ein. Wer will, kann jetzt klein geschnittene Trockenfrüchte zugeben. 1/2 Stunde kochen, dabei rühren und aufpassen dass nichts überkocht oder anbrennt, und dann langsam zu einem dicken Brei ausquellen lassen. Zum Schluss mit Honig süßen und mit einer Prise Salz und Butterflöckchen anreichern.

* * *

Habermus

Dieses Rezept klingt erst mal furchtbar gesund. Besonders wenn frische Heidelbeeren verwendet werden, bietet es jedoch eine unerwartete Geschmacksexplosion und es schlägt jedes Frühstücksbuffet um Längen an Ambiente. Unbedingt probieren!

Pro Portion

1 Esslöffel Leinsamen, Haferflocken
3 Esslöffel Blaubeeren oder klein geschnittene Apfelstückchen
2 Esslöffel Honig, heißes Wasser
Sahne und Vollmilch

In die Essschale zuerst den Leinsamen hineingeben, darauf so viele Haferflocken wie vom Spieler gewünscht. Diese werden mit so viel kochendem Wasser übergossen, bis sie sich vollgesaugt haben, sie sollen aber nicht im Wasser stehen. An den einen Schüsselrand gibt man die Beeren oder Apfelstückchen, an den anderen den Honig. Erst während des Essens werden die Bestandteile vermischt.

Krüge mit Sahne und Milch aufstellen, damit sich die Teilnehmer davon so viel wie gewünscht über den Habermus geben können.

* * *

Knusperfrühstück

5 Tassen feine Haferflocken (ca. 1250 g)
1 Tasse brauner Rohrzucker
2/3 Tasse Honig
1/2 Teelöffel Piment, gemahlen
1 Beutel Bourbon-Vanillezucker
1/2 Teelöffel Salz
1 Tasse Kokosraspel, nach Wunsch

Die trockenen Zutaten in einer großen Schüssel mischen, dann den Honig darüberträufeln, zunächst mit dem Kochlöffel und dann mit den Händen unterarbeiten.

Hafermasse auf zwei Backbleche verteilen. Bei 150 Grad (ideal ist Umluft) im Ofen jeweils 20-30 Minuten trocknen lassen bzw. bis die Haferflocken bräunen. Abkühlen lassen und in einem luftdicht schließenden Gefäß oder Beutel aufbewahren.

Mit Milch oder Joghurt als Frühstück.

Wer mag, kann nach dem Abkühlen noch klein geschnittene getrocknete Aprikosen, Rosinen oder – sehr lecker – getrocknete Erdbeerscheiben aus dem Dörrapparat untermischen. Oder die Früchte einfach bereitstellen für die Frühstücksgäste zum Selbstmischen (Allergien!), vielleicht noch Haselnüsse, Mandelstifte etc. Wer sein Frühstück noch etwas ballaststoffhaltiger mag, kann den trockenen Zutaten vor dem Backen ½ bis 1 Tasse Weizenkleie zufügen.

* * *

PORRIDGE

Pro Portion

3/4 Tasse Hafermehl
3/4 Tasse Milch
1/2 - 3/4 l kochendes Wasser
1 Teelöffel Salz
Rohrzucker oder Honig

Die Milch und das Hafermehl verrühren, bis daraus eine gleichmäßige Paste entsteht. Das kochende Wasser darüber gießen und alles zusammen über das Feuer hängen, bzw. auf den Herd stellen. Bei mittlerer Hitze köcheln lassen und mit einem Holzlöffel rühren.

Traditionell wird zum Rühren von Porridge allerdings ein Spurtle verwendet, der ungefähr wie ein Miniatur-Baseballschläger aussieht. Wer absolut stilgerecht kochen möchte, kann diese übers Internet beziehen (siehe Bezugsquellen).

Das Salz unterrühren und, sobald das Hafermehl ausgequollen ist, das Porridge in Schalen füllen und nach Geschmack mit Rohrzucker bestreuen.

Variationen:

Statt Hafermehl können auch Haferschrot oder Haferflocken verwendet werden. Hierbei kann sich die Kochdauer allerdings etwas verlängern. Statt Zucker – oder zusätzlich – können Früchte dazu gereicht werden, z. B. Beeren, Trauben, klein geschnittene Äpfel oder Birnen.

* * *

* * *

Scharfes Rührei

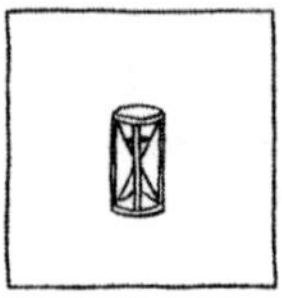

4 Eier
1 kleine scharfe Chilischote
2 Frühlingszwiebeln
50 g Butter
1 Esslöffel Mineralwasser oder Wasser
Salz und Pfeffer
gehackte Kräuter nach Wunsch

Die Chilischote und die Frühlingszwiebeln sehr feinschneiden. Wer es nicht gar so scharf will, entkernt die Chilischote vorher. Die Eier mit dem Wasser in einer Schale verschlagen und Chili und Frühlingszwiebeln unterrühren. Die Hälfte der Butter in kleine Stückchen schneiden und beiseite legen, die andere Hälfte in der Pfanne erwärmen. Eimischung hineingeben, dann die Butterwürfel darauf verteilen und alles auf nicht zu starker Hitze langsam fest werden lassen. Dabei das gestockte Ei nach und nach mit dem Löffel zur Seite schieben und die Pfanne leicht kippen, damit flüssige Mischung nachläuft. Salzen und pfeffern und mit Kräutern bestreuen.

* * *

Zimt-Pfannkuchen

Zimtpfannkuchen sind ein prima Frühstück oder auch eine Beilage, für die man die meiste Arbeit schon zu Hause machen kann.

Für 4 Pfannkuchen-Pakete braucht man

500 g feine Haferflocken, 250 g Mehl
300 g Vollkornmehl, 150 g Magermilchpulver
2 Esslöffel Ceylon-Zimtpulver, 2 Tüten Weinstein-Backpulver

Die Zutaten für den Pfannkuchenmix in einer großen Schüssel sehr gründlich miteinander mischen. In 4 Gefrierbeutel (ca. 1 Liter) verteilen, pro Päckchen ca. 300 Gramm. Mit einem Folienschweißgerät dicht verschließen. (Überprüfen!) Alternativ kann man den Mix auch in verschließbare irdene Gefässe füllen. Kühl und trocken aufbewahren.

Für die Zubereitung eines Paketes Pfannkuchen-Mix braucht man außerdem:

2 Eier
75 ml Pflanzenöl, neutral
1 Packung Pfannkuchenmix
250 ml Wasser
Fett, für die Pfanne

Zwei Eier mit dem Öl in einer Schüssel verschlagen, nach und nach Wasser und den Pfannkuchenmix unterrühren. Kurz quellen lassen, dann aus dem Teig kleine Pfannkuchen (2-3 Esslöffel Teig) backen.

Dieser Teig ist nicht gesüßt, um möglichst vielseitig verwendet werden zu können. Wer gern süße Pfannkuchen isst, sollte bei den Trockenzutaten noch Zucker hinzufügen. Ideal als Unterlage für Waldbeermarmelade oder als Beilage zu einem Gemüsegericht aus dem Dreibein – oder auch zu einem Ei und einer Scheibe Schinken.

Ergibt 10-12 sättigende Pfannkuchen mit ca. 6 cm Durchmesser.

Backwaren

Bannocks
Bauernlaib
Darkovanischer Gewürzkuchen
Darkovanisches Nussbrot
Darkovanisches Reisebrot
Einfache Fladenbrote
Federbeerenkuchen
Gewürzbrote
Hardtack
Kekse zum Tee
Leinsamen-Brötchen
Mandelbrot
Pfannenbrötchen
Süße Haferscones
Weizenmehl-Tortillas
Würziges Pfannenbrot
Zweierlei Stockbrot

* * *

Bannocks

Bannocks sind Fladenbrote, die von beiden Seiten gebacken wurden.

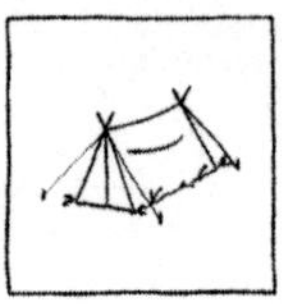

600 ml Milch, ein Stück Butter (ca. 30 g), ca. 250 g Gerstenmehl

Backofen nötig!

Den Backofen auf höchster Stufe (ca. 250° C) vorheizen. Die Milch mit der Butter und dem Salz in eine Pfanne geben und aufkochen lassen. Soviel Gerstenmehl einrühren, dass es einen geschmeidigen Teig gibt, der sich von den Rändern der Pfanne löst.

Den Kloß auf eine bemehlte Fläche geben und ausrollen. Etwa tellergroße Stücke herausschneiden und diese in den Backofen auf ein bereits heißes Backblech legen. Etwa 4-5 Minute auf einer Seite backen, bis der Teig aufgeht und leicht bräunt. Dann wenden und von der anderen Seite ähnlich lange backen.

* * *

Bauernlaib

Ein großes, rundes, würziges Brot, welches sich sehr gut auf dem Frühstückstisch macht.

1 kg feines Weizenmehl (Type 550)
2 Beutel Trockenhefe
4 mittlere Kartoffeln
6 Teelöffel Salz
700 ml lauwarmes Wasser

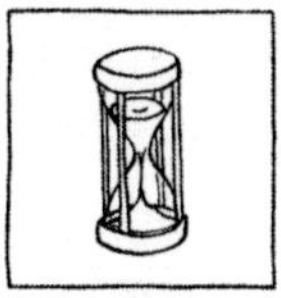

Kartoffeln am Vortag in der Schale kochen. Schälen und durchpressen bzw. reiben, Mehl, Hefe, Kartoffeln und Salz gut vermischen. Wasser zugeben, den Hefeteig gut durcharbeiten, bis er nicht mehr klebt. Zu einer Kugel formen, mit Mehl bestäuben und 2 Stunden zugedeckt gehen lassen. Den Teig nochmal durchkneten, zu einem runden Laib formen und auf dem gefetteten oder mit Backpapier ausgelegten Backblech nochmal gehen lassen.

Backen: 10 Minuten bei 250 Grad (Ofen vorheizen) und 50 Minuten bei 200 Grad, auf der untersten Schiene des Backofens. Nach dem Backen auf einem Gitter auskühlen lassen.

* * *

* * *

Darkovanischer Gewürzkuchen

Die flache, unfruchtbare Sandwüste war niedrigen, welligen Hügeln gewichen, die sich erstreckten, so weit das Auge reichte, und der Boden war mit verkrüppelten Dornbäumen und grauen, fedrigen Gewürzbüschen bedeckt. Anfangs war der Geruch angenehm; nach ein paar Stunden meinte Rohana jedoch, sollte sie jemals wieder beim Mittwinterfest Gewürzbrot essen, müsse sie daran ersticken.

(Lady Rohana Ardais in „Die Zerbrochene Kette" von Marion Zimmer Bradley.)

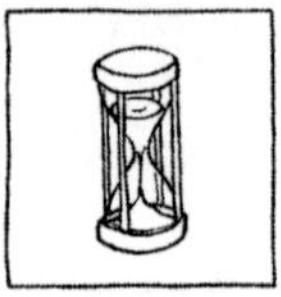

2 1/2 Tassen feines Kuchenmehl (Mehl Type 550 für Terranan)
1 Teelöffel Backpulver, 1 Teelöffel Haushaltsnatron
1 Teelöffel Salz
<u>Gewürze aus den Trockenstädten, als da wären:</u>
1 1/2 Teelöffel Zimt, 1/2 Teelöffel gemahlene Nelken
1/8 Teelöffel Pfeffer, 1/2 Teelöffel Muskatnuß,
3/4 Teelöffel Piment
1/2 Tasse geschmolzene Butter
eine gute 1/2 Tasse brauner Rohrzucker
1 Tasse feiner, weißen Zucker
2 Eier
Mark von 1 Vanilleschote
1 1/4 Tasse Buttermilch

Das Mehl mit Backpulver, Natron, Salz und den Gewürzen mischen und in eine Schüssel sieben. Die Butter, allen Zucker, die Eier und das Vanillemark mit einem Handrührgerät ungefähr fünf Minuten bei hoher Geschwindigkeit schlagen, bis die Masse leicht und locker wirkt.

Bei langsamer Geschwindigkeit das Mehl in Viertelportionen unterrühren, dazwischen die Buttermilch, in Drittelportionen hinzugeben. (Mit Mehl beginnen und enden.) Eine Minute weiterrühren, bis es ein gleichmäßiger, leichter Teig ist.

Diesen in eine gefettete Kasten- oder Kranzform füllen und ca. 45 Minuten bei 180 Grad backen. Danach stürzen, auf einem Kuchengitter auskühlen lassen und zum Mittwinterfest servieren.

* * *

DARKOVANISCHES NUSSBROT

Darkover eignet sich nur in einigen Gegenden zum ertragreichen Getreideanbau. Nussbäume wachsen jedoch überall in den Domänen, so dass daran kein Mangel herrscht – es sei denn, es haben verheerende Waldbrände ge-wütet. Das Mehl wird daher – außer für feine Kuchen – immer mit Nüssen gestreckt.

2 Päckchen Trockenhefe
1/4 Teelöffel Zucker
350 ml warmes Wasser
1 Esslöffel klarer Honig
4 Teelöffel Salz
600 g Vollkornmehl
150 g gemahlene Mandeln
100 g grob gehackte Walnusskerne

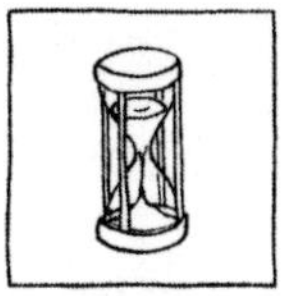

Hefe, Zucker und 2 Esslöffel lauwarmes Wasser in einer kleinen Schüssel miteinander verrühren. Den Honig mit dem restlichen Wasser und dem Salz verrühren. Das Vollkornmehl in eine große Schüssel sieben. (Nehmt eine wirklich große Schüssel!)

In die Mitte eine Mulde drücken und dort die Hefe und die Honigmischung hineingeben und miteinander vermengen.

Mandeln und Walnüsse auf dem Teig verteilen und mit den Händen gut einarbeiten.
Wenn sich der Teig von der Schüssel löst, auf eine mehlbestäubte Arbeitsfläche geben und 10-15 Minuten gut durchkneten.
Die Schüssel ausspülen, einfetten und die Teigkugel hineinlegen. An einem warmen Ort gehen lassen, bis sich das Volumen verdoppelt hat.

Den Teig auf eine bemehlte Arbeitsfläche geben, mit einer Gabel einstechen, damit die Luft entweichen kann, und noch einmal 5 Minuten gut durchkneten. In eine 1 kg-Brotform geben und wieder warm stellen, bis sich das Volumen erneut verdoppelt hat.

Den Ofen auf 220 Grad vorheizen und dann das Brot 40-45 Minuten backen, bis es knusprig und braun ist.

* * *

Darkovanisches Reisebrot

für 8-10 Fladen

1 Tasse Buchweizenmehl, 1/2 Tasse Weizenmehl
1 Teelöffel Salz, ca. 3/4 Tasse Wasser
etwas Mehl zum Bestäuben

Die beiden Mehlarten und das Salz miteinander vermischen und dann langsam unterkneten. So viel Wasser hinzugeben, bis ein nicht klebender Teig entsteht. Zur Not noch ein wenig Mehl nachgeben.

Aus dem Teig gleichmäßige, walnussgroße Kugeln formen und diese sehr dünn ausrollen. Die ausgerollten Fladen in einer trockenen, heißen Pfanne oder auf heißen Steinen backen, bis das Reisebrot auf beiden Seiten Blasen geschlagen hat.

Für eine bessere Haltbarkeit kann die Restfeuchtigkeit im Backofen auf niedriger Stufe oder im Dörrapparat entfernt werden.

* * *

Einfache Fladenbrote

2 1/2 Tassen Weizenvollmehl (normales Weizenmehl geht auch),
1-2 Teelöffel Salz, 2 Teelöffel Backpulver
1 Tasse Wasser, etwas Öl oder Butterschmalz

Vor dem Con in einem Bügelglas Mehl, Backpulver und Salz mischen. Zur Zubereitung in eine Schüssel geben und gründlich mit der Tasse Wasser zu einem stabilen Teig kneten. Zur Not noch etwas Mehl aus den Vorräten nachgeben, bis der Teig nicht mehr klebt.

Gleichmäßig große, fingerdicke Fladen kneten und in eine vorgeheizte Pfanne mit etwas Öl oder Butterschmalz geben. Bei mittlerer Hitze von beiden Seiten goldbraun backen.

Ergibt zwei große Fladenbrote – die auch als Tellerersatz dienen können, wie es im Mittelalter gängig war – oder 4-5 kleinere.

* * *

Federbeerenkuchen

Die Federbeere ist eine darkovanische Wildfrucht, deren kleine Beeren von einem zarten flaumigen Pelz bedeckt sind, um sie gegen die garstige Witterung zu schützen.

Weit verbreitet sind Kuchen und Pies mit der delikaten Beere, etwa der ***Federbeeren-Pie aus Caer Donn***:

Für den Boden
100 g gemahlene Mandeln oder Nüsse
50 g Haferflocken, 50 g Vollkornmehl
50 g brauner Zucker , 100 g Butter

Für die Füllung:
500 g Federbeeren (oder grüne Stachelbeeren)
2 Esslöffel Speisestärke, 8-10 Esslöffel heller Zucker
1 Handvoll frische oder getrocknete Holunderblüten

Die Teigzutaten verknetet man zu einem Mürbteig, mit dem man 2 kleine (18 cm) oder eine mittlere (24 cm) Pieform (Tarteboden) auslegt. Im heißen Ofen (ca. 200 Grad) 15 Minuten vorbacken.

Währenddessen für die Füllung die Federbeeren halbieren. In einer Schale Speisestärke und Holunderblüten (nach Wunsch) vermengen und den Zucker untermischen. Das Zuckergemisch mit den Federbeeren verrühren und die Masse auf den Kuchenboden verteilen. Im heißen Ofen backen, bis die Oberfläche beginnt zu bräunen. Auskühlen lassen und mit einem Becher Jaco (siehe Rezept) oder Kaffee oder Kakao genießen

* * *

* * *

Gewürzbrote

Diese Brote halten sich problemlos einige Tage und schmecken rustikal würzig. Gut geeignet als InTime-Nahrung, wenn man sie vorher backt.

<u>Für 4 Brote von etwa 15 cm Durchmesser braucht man</u>

1/2 Teelöffel ganze Korianderkörner, 1 Teelöffel Kümmelsaat,
1 Teelöffel Fenchelsaat,
400 g Roggenmehl Type 1370
180 g Vollkornbrot, 30 g frische Hefe
150 g Sauerteig (flüssig, Reformhaus oder aus eigenem Ansatz), 1 Teelöffel brauner Zucker oder Honig,
1/2 Esslöffel Salz

<u>außerdem zum Backen</u>

1 Esslöffel Öl, 1 Esslöffel Korianderkörner,
1 Esslöffel Kümmelsaat
1 Esslöffel Fenchelsaat

Gewürze im Mörser zerstoßen Roggenmehl und -schrot in eine Schüssel geben, eine Mulde hineindrücken. Hefe in die Mulde krümeln, Sauerteig und Zucker dazugeben. Salz und zerstoßene Gewürze auf dem Mehlrand verteilen. Die Hefe mit 350 ml lauwarmem Wasser übergießen und unter Rühren darin auflösen. Alle Zutaten zu einem glatten Teig verkneten, leicht mit Mehl bestäuben, abdecken und bei Zimmertemperatur 2 h gehen lassen.

Backblech mit Öl bepinseln und die Gewürze daraufstreuen Den Teig auf leicht bemehlter Arbeitsfläche kneten und zu 4 gleich großen Kugeln formen. Jede Kugel zu einem runden Fladen von ca. 14 cm Durchmesser auseinanderdrücken, auf das Blech legen, alles mit einem Tuch bedecken und noch einmal 30-35 min gehen lassen.

Eine kleine, ofenfeste Schüssel mit Wasser auf den Backofenboden stellen, Ofen auf 200 Grad vorheizen. Die Gewürzbrote auf der zweiten Einschubleiste von unten 15-20 min backen und auf einem Gitter auskühlen lassen.

* * *

Hardtack

Ein typisches lang haltbares Western-Brot und die Standard-Ration der Nordstaatler-Truppen im Bürgerkrieg. Gelegentlich auch ,Zwergenbrot' genannt.

6 Tassen Weizenvollmehl
2 - 2 1/2 Tassen Wasser
1 Esslöffel Salz
1 Esslöffel Backpulver

Backofen auf 150 Grad Umluft vorheizen.

Das Mehl gründlich mit dem Backpulver und dem Salz vermischen, das Wasser mit dem Kochlöffel unterrühren und, sobald alles vermischt ist, mit den Händen gut kneten, bis ein gleichmäßiger fester und nicht klebriger Teig entsteht.

Das Backblech mit einem Blatt Backpapier belegen und den Teigklumpen mit dem Nudelholz zu einem Rechteck ausrollen. Mit dem Holzspießchen gleichmäßig kleine Löcher in den Teig stechen und mit dem Pizzaschneider 9 gleichgroße ,Kekse' ausschneiden. 15 Minuten auf 150 Grad backen, danach 15 weitere Minuten auf 200 Grad fertig backen. Die Schnittstellen noch einmal nachschneiden und das Hardtack abkühlen lassen.

Warnung: Hardtack ist nicht direkt essbar. Es muss erst in etwas Milch, Kaffee oder Suppe eingeweicht werden!

Hardtack oder Zwergenbrot fällt in die Rüstungsklasse 2. ;-)

* * *

Kekse zum Tee - Lady Heathers Tea Cookies

Zum High Tea einer viktorianischen Lady kann man nicht nur Sandwiches (siehe Rezept) servieren, sondern natürlich auch ein feines Teegebäck.

150 g Butter, 3 Eier
1 Tasse Rohrzucker
Mark einer Vanilleschote
4 - 4 1/2 Tassen feines Mehl (550)
1 Esslöffel Backpulver
1 Ei zum Bestreichen

Die Butter schmelzen, dann 3 Eier, Zucker, Vanillemark und die Butter miteinander verquirlen. In einer *separaten* Schüssel das Mehl mit dem Backpulver vermischen und dann Löffel für Löffel unter die Eimasse rühren. Wenn der Teig eine festere Konsistenz annimmt, gut durchkneten, bis der Teig nicht mehr klebt. Zur Not noch etwas Mehl nachgeben.

Den Backofen auf 175 Grad (ohne Umluft) vorheizen.

Den Teig wenige Minuten ruhen lassen und dann in gleichmäßige, walnussgroße Kugeln aufteilen. Jede Kugel kurz in etwas Mehl wälzen, damit das Nudelholz nicht kleben bleibt. Die Kugeln dann dünn, aber nicht zu dünn ausrollen – sie sind zu dünn, wenn der Teig beim Aufheben reißt – und auf ein gefettetes oder mit Backpapier ausgelegtes Blech setzen.

Ein Ei mit einer Gabel verschlagen und mit einem Backpinsel auf die Kekse streichen.

Die Teekekse ca. 18 Minuten lang backen.

* * *

Leinsamen-Brötchen

3 Esslöffel Honig, 2 Eier
2 Teelöffel Salz, 1 Beutel Trockenhefe
3/4 Becher Leinsamen
5 Becher helles Mehl (Type 405)
3 Becher dunkles Mehl (Vollkorn-Weizen oder -Dinkel)
Wasser

Die Mehle zusammen in eine große Schüssel sieben. Honig, Eier und Salz aufschlagen, 3 Becher Wasser zugeben. Einen Becher von der Mehlmischung abnehmen, zum übrigen Mehl Leinsamen und Hefe geben und untermengen. Mehlmischung zur flüssigen Mischung geben, gut vermischen (mit einem Kochlöffel durchrühren), dann das restliche Mehl unterkneten. Mindestens 30 Minuten gehen lassen.

Erneut kneten, zu Kugeln formen. Mit genug Platz auf ein gefettetes Backblech setzen. 1 Stunde gehen lassen. Bei mittlerer Hitze (150 - 175 Grad) goldbraun backen. Ergibt ca. 15-20 Brötchen.

* * *

Mandelbrot

Auch wenn der Name eher an einen weihnachtlichen Lebkuchen erinnert, handelt es sich hier doch um ein richtiges Brot.

100 g gemahlene Mandeln
50 g gehackte Mandeln
500 g Mehl; Weizen- oder Dinkelmehl, oder eine Mischung aus beidem
1 Esslöffel Salz
1 Würfel frische Hefe (42 g) (notfalls Trockenbackhefe)
1 Esslöffel Honig
150 g saure Sahne
etwas Butter
Fett für das Blech
Mehl für das Blech und zum Bestäuben

Die gemahlenen Mandeln mit Mehl und Salz mischen. Wer ein würzigeres Brot möchte, röstet die Mandeln vorher noch in einer trockenen Pfanne oder auf dem Blech, aber Vorsicht, sie verbrennen leicht. Nun die Hefe und den Honig in etwa 200 ml handwarmes Wasser einrühren und dann langsam und sorgfältig unter die Mandel-Mehl-Mischung kneten.

Die saure Sahne dazugeben und zu einem glatten Teig verkneten. An einem warmen Ort, zum Beispiel neben dem Ofen, zugedeckt so lange gehen lassen, bis der Teig seine Größe verdoppelt hat. In der Zwischenzeit brät man die gehackten Mandeln in wenig Butter braun an. Wenn sie abgekühlt sind und der Teig gegangen ist, die Mandelstücke unterkneten und möglichst gleichmäßig verteilen. Ein Backblech einfetten und mit etwas Mehl bestäuben. Den Teig zu einem runden Laib formen, mit etwas Mehl bestreuen und von oben kreuzweise einschneiden. Eine weitere Viertelstunde in der Wärme gehen lassen. Den Ofen, sofern er noch nicht heiß ist, auf 200 Grad vorheizen, und das Brot im unteren Drittel des Ofens ungefähr 50 Minuten backen. Abkühlen lassen.

Ergibt einen runden Laib. Großartig mit Raukebutter oder Kochkäse (Rezepte in diesem Buch).

* * *

Pfannenbrötchen

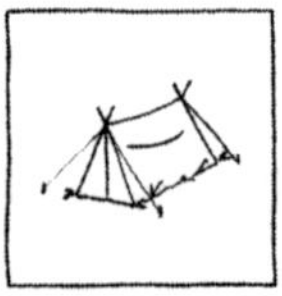

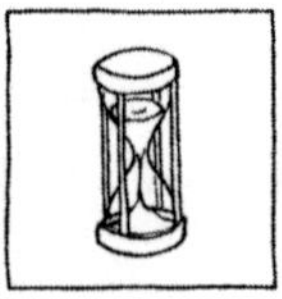

1 Tasse lauwarme Milch
2 Esslöffel Zucker
1 Teelöffel Salz
3 Esslöffel Pflanzenöl
1 Tasse handwarmes Wasser
1 Packung Trockenhefe
5-6 Tassen Weizenmehl
etwas Maismehl (normales geht zur Not auch)

Aus allen Zutaten außer dem Maismehl einen nicht zu klebrigen Hefeteig zubereiten. Das Weizenmehl dabei nach und nach zugeben, damit es nicht klumpt. In einer eingefetteten Schüssel eine Stunde gehen lassen. Den Teig in zwei Teile teilen und auf einem mit Maismehl bestäubten Brett zu einem ca. 1 - 1 1/2 cm dicken Fladen ausdrücken. Mit einem Becker oder einem Trinkhorn Fladen von ca. 8cm Durchmesser ausstechen. Auf ein gefettetes Blech oder Brett setzen und weitere 60 Minuten gehen lassen.

Eine große Pfanne über mittlerer Flamme erhitzen und die Fladen von jeder Seite goldbraun backen.

Vor dem Verzehr halbieren und über etwas Glut anrösten.

* * *

* * *

SÜSSE HAFERSCONES

1 1/2 Tassen Weizenmehl
1 Tasse Hafervollmehl oder Haferschrot
1 Esslöffel Weinstein-Backpulver
2 Esslöffel Rohrzucker (oder Honig)
1 Ei
ca. 100 g Butter
1 Becher Natur-Joghurt (alternativ die gleiche Menge saure Sahne oder Quark)

Die für Scones angewendete Zubereitungsweise ist einigen vielleicht schon vom Muffin-Backen bekannt. Grundlegend werden immer erst alle trocknen und alle feuchten Zutaten vermischt und anschließend nur grob miteinander vermengt. Sowohl für Muffins als auch für Scones gibt es keine stundenlangen Rühr- und Knet-Orgien.

Für die Haferscones gibt man Weizenmehl, Backpulver, Hafermehl und den Zucker in eine Schüssel, die geschmolzene Butter, den Joghurt und das Ei in die andere Schüssel und rührt jeweils gut durch. (Die feuchten Zutaten mit einem Schneebesen.) Dann die feuchte Mischung zu den trockenen Zutaten geben und mit einem Kochlöffel gut durchrühren, bis beide Bestandteile gerade miteinander vermengt sind.

Der Teig wird nun zu einer Kugel geformt und in die Mitte des Backblechs gelegt. Vorsichtig flachdrücken, bis er kreisrund und ungefähr zwei Finger dick ist. Mit dem Messer in gleichmäßige Ecken teilen, aber diese noch nicht auseinandernehmen.

Den Backofen auf 225-230 Grad vorheizen (einen Selbstbau- oder Holzbackofen ungefähr auf Vorhölle), die Scones hineinschieben und rund 12 Minuten backen. Herausziehen, wenn sie leicht braun werden, etwas abkühlen lassen und mit Butter servieren. Gut schmeckt dazu auch die Feenbutter.

Variationen:
Eine knappe Handvoll getrockneter Beeren hinzugeben.

* * *

Weizenmehl-Tortillas

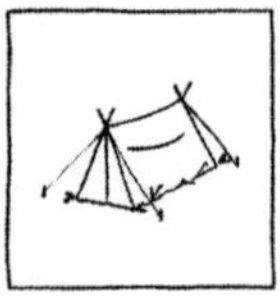

250 g Mehl
1 Teelöffel Salz
80 ml neutrales Öl
100 ml Wasser
Mehl zum Ausrollen und Bearbeiten

Mehl, Salz, Öl und soviel Wasser wie nötig zu einem glatten, geschmeidigen Teig verkneten. *Zugedeckt* etwa 1 Stunde quellen lassen.

Eine Schale mit Mehl füllen und den Teig in 12 Teile teilen. Diese zu Kugeln formen und einzeln im Mehl wenden. Auf der Arbeitsfläche zu einem sehr dünnen Fladen ausrollen und diesen in einer stark erhitzten Pfanne von beiden Seiten je etwa 1/2 Minute backen.

Die fertigen Tortillas stapeln und entweder gleich essen oder bis zum Essen in ein Tuch schlagen – möglichst frisch zubereiten.

Gut als Beilage zu Bohnengerichten.

* * *

Würziges Pfannenbrot

Dieses Brot lässt sich optimal zu Hause vorbereiten, dafür mischt man in einem Beutelchen oder anderen Gefäß.

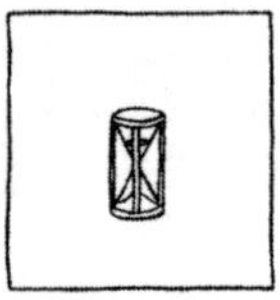

2 Tassen Mehl
1 Esslöffel Weinsteinbackpulver
2 Esslöffel gefriergetrocknete Zwiebeln
1/2 Teelöffel Salz
1 Teelöffel Rosmarinnadeln, gehackt

Im Camp verknetet man das so gewürzte Mehl mit einer guten halben Tasse (Becher) Wasser, bis sich ein fester, zäher Teig ergibt. Davon reißt man kleine Bällchen ab, zieht, drückt oder rollt sie zu möglichst dünnen und gleichmäßigen Fladen und brät diese in der trockenen, heißen Pfanne, bis sie von beiden Seiten dunkle Flecken haben und etwas aufgegangen sind.

* * *

Zweierlei Stockbrot

Würzige, leckere Stockbrote für die optimale Lagerfeuerstimmung. Bei beiden Varianten ist die Zubereitung identisch, die Mehlmischung wird schon zu Hause vorbereitet.

Ihr braucht natürlich Stöcke um das Brot über dem Feuer zu backen – am besten eine Holzart ohne schlecht schmeckende Harze, wie z. B. Walnuss.

1. Variante Gerste-Zwiebel

100 g Gerstenmehl
390 g Weizenmehl Type 405 ,
2 Teelöffel Salz
1 Esslöffel gefriergetrocknete Zwiebeln
etwas getrockneter Thymian
etwas gemahlener Pfeffer
etwas Knoblauchsalz´
eine Prise Ingwerpulver
eine Prise Salbei
eine Prise Zucker
1 Päckchen Trockenhefe

und
1/4 l lauwarmes Wasser
ein kleiner Löffel Honig

Alle Zutaten bis auf die Trockenhefe, den Honig und das Wasser in ein entsprechend großes (1 Liter) Bügelglas füllen und gut durchmischen. Bis zum Tag des Gebrauchs fest verschließen.

2. Variante Grünkern

250 g Grünkernmehl , 240 g Weizenmehl Type 405
2 Teelöffel Salz
etwas getrockneter Thymian, etwas getrockneter Oregano
1/2 Teelöffel mildes Paprikapulver
1 Prise Zucker
1 Päckchen Trockenhefe
1/4 l lauwarmes Wasser
1 Teelöffel Honig

Auch diese Mischung wie in Variante 1 beschrieben mischen,

Zubereitung für beide Varianten:
Etwa eine Stunde vor dem Essen in eine Schüssel geben. Die Hefe mit einem Löffel Honig und etwas lauwarmem Wasser anfüttern, dazugeben, mit einem knappen Viertelliter Wasser zu einem geschmeidigen Teig verkneten und an einem warmen Ort ca. 1 Stunde gehen lassen.

Etwa eine Handvoll Teig entnehmen, zu einem Strang formen und um den Stab legen. Am Lagerfeuer über die Glut halten, nicht(!) in die Flamme. Das Stockbrot ist durch, wenn es sich leicht vom Stock abziehen
lässt.

Aufstriche, Soßen & Extras

Dornbeerensauce
Feenbutter
Gewürzmischung des Mittelalters
Kochkäse
Kräuterquark
Leberpastete
Pesto Grundrezept
Rauke-Butter
Schinken im Töpfchen
Senfhollandaise
Vanillesauce

* * *

Dornbeerensauce

Die Dornbeere ist eine Wildpflanze Darkovers, die ähnlich der terranischen Brombeere am Waldrand an langen, dornenbewehrten Ranken wächst. Dornbeeren gibt es fast überall (außer in den Trockenstädten) reichlich, mancherorts wird davon ein kräftiger Fruchtwein gekeltert.

Mit Honig und Gewürzstrauch eingelegte Dornbeeren werden zur Verfeinerung von allerlei Speisen verwendet, auch zu Saucen. Aber in Thendara macht man auch mit frischen Früchten zu terranischem Lamm und darkovanischem Wildbret eine schmackhafte Dornbeerensauce.

Ausgangsbasis ist das gebratene Fleisch. Man wickelt einen Wildbraten zu einer langen Rolle (Hirsch oder Reh eignen sich gut) und brät ihn in etwas Öl oder Speckfett rundum braun an. Dabei würzt man kräftig mit einem Wildgewürz, wie es in allen Städten bei den Händlern erhältlich ist.

Wenn das Fleisch rundum gebräunt ist, legt man es im Topf beiseite (oder in einer Schüssel in den Herd), streut noch etwas Wildgewürz dazu und eine fein gehackte Zwiebel und etwas Knoblauch. Hat die Zwiebel goldene Farbe angenommen, löscht man den Bratensatz mit zur Hälfte Brühe und zur Hälfte einem weichen roten Wein, kocht alles durch und gibt 2-3 Handvoll frische Dornbeeren in den Topf. Aufkochen lassen, bis die Beeren platzen, einen Löffel dunklen Honig oder Zucker unterrühren, köcheln lassen. Mit einem Esslöffel Senfpulver abschmecken.

Für eine feine Sauce streicht man das Ganze nun durch ein Sieb. Das Fleisch portionsgerecht aufschneiden und mit der Sauce übergossen auftragen.

Wildgewürz

In den großen Häusern der Comyn werden diese Gewürze selbst gemischt aus z. B. Pfeffer, Wacholderbeeren, Thymian, Pilzpulver, Piment, Basilikum, Salbei, Petersilie, Kümmel, Liebstöckelblättern, Lorbeerblättern, Selleriesaat, Rosmarin, Muskatnuss und Nelken – je nachdem, was verfügbar ist. In Thendara ist eine Mischung aus Wacholder, Trockenpilzen, Pfeffer, Gewürzstrauch (Piment und Muskatblüte), Lorbeer und Thymian üblich.

Dornbeeren

Anstelle der darkovanischen Dornbeere kann man die terranische Brombeere oder auch eine Wildbeerenmischung verwenden.

* * *

* * *

Feenbutter

250 g Butter
4 Eidotter
1 1/2 Tassen heller Rohrzucker (oder Honig)
1-2 Esslöffel Orangenblütenwasser

Butter bei Zimmertemperatur stehen lassen, bis sie weich ist. Die Eigelb vom Eiweiß trennen und mit dem Zucker in eine Schüssel geben. Miteinander schaumig schlagen. Vorsichtig das Orangenblütenwasser unterschlagen und dann die Butter langsam unterziehen. Entweder in ein dekoratives Töpfchen füllen, mit der Gebäckspritze zur Dekoration eines festlichen Dinners verarbeiten oder zu warmen Scones servieren.

Hinweis:
Da in diesem Rezept rohe Eier verarbeitet – und verzehrt – werden, ist auf die absolute Frische der Eier zu achten. (Auf den Eiern aufgestempeltes Datum beachten.) Die Eier sollten bis unmittelbar vor der Zubereitung gekühlt aufbewahrt werden und die fertige Feenbutter bis zum Verzehr ebenfalls.

* * *

Gewürzmischung des Mittelalters

4 Teile Zimt
4 Teile Ingwer
4 Teile getrocknete und zerstampfte Lorbeerblätter
1 Teil Nelken

Alles zusammen im Mörser zu einem Pulver verarbeiten.

Das Pulver war eine in der Mittelalter-Küche häufig gebrauchte Zutat. Wir tendieren heute dazu, es sparsam einzusetzen. Damals wurde es jedoch eher reichhaltig verwendet.

* * *

Kochkäse

Mit einem rustikalen Brot werden hiervon 2 oder 3 Esser satt.

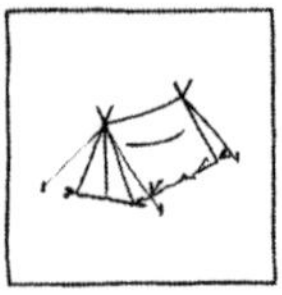

125 g nicht zu reifer Handkäse
50 g Butter, oder, wenn man es sich leisten kann, auch etwas mehr, das gibt einen cremigeren Kochkäse
1-2 Teelöffel Natron (Kaisernatron, baking soda)
300 g Magerquark
Salz, Kümmelsamen
1 Zwiebel
Essig und Öl
Pfeffer, optional

Die Zwiebel in sehr feine Ringe schneiden und mit Essig und Öl zu gleichen Teilen (und, wenn man hat, mit etwas Pfeffer) marinieren. Mindestens 1 Stunde durchziehen lassen, je länger desto besser.

Den Handkäse in Stückchen schneiden, mit Butter und Natron in eine Schüssel geben und im Wasserbad schmelzen lassen. Den Magerquark einrühren, unter Rühren einmal durcherhitzen. 1 kräftige Prise Meersalz und Kümmel nach Geschmack unterrühren, in ein sauberes irdenes Gefäß füllen und erkalten lassen.

Den Kochkäse mit Brot und den marinierten Zwiebeln auftragen.

* * *

Kräuterquark

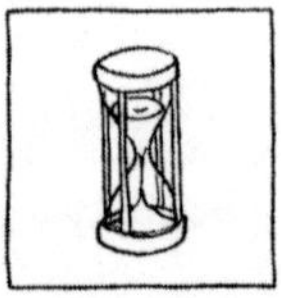

1 Zwiebel, 2 Knoblauchzehen
1 Bund Frühlingszwiebeln oder Lauchzwiebeln
2 Bund (oder 1 Töpfchen) Schnittlauch, 1 Bund Petersilie
Salz, Pfeffer
1 kg Quark, 1/4 l Sahne
etwas Milch

Die Menge reicht, als Beilage oder als Frühstücksaufstrich, für 5-10 Personen. Bei größeren Gruppen tendenziell großzügiger rechnen. Der Kräuterquark geht meist sehr schnell weg...

Zwiebel, Petersilie und Knoblauchzehen fein hacken, Schnittlauch und Frühlingszwiebeln in feine Röllchen schneiden. Den Quark mit der Sahne verrühren und die fertig geschnittenen Zutaten unterrühren. Mit Milch bei Bedarf zur gewünschten Konsistenz verdünnen. (Als Brotaufstrich etwas fester, als Beilage etwas flüssiger.)

Mit Salz und Pfeffer direkt aus der Mühle abschmecken und vor dem Auftragen noch etwas durchziehen lassen.

Schmeckt gut zu Gebratenem (Grillwürstchen oder Steaks) und Langosch oder auf selbst gebackenem Frühstücksbrot.

Die Schnippelei der Zutaten ist etwas (zeit-)aufwändig, trägt aber wunderbar zum Ambiente bei, wenn der Plot ohnehin gerade weniger rasant ist. Wer einmal selbst gemachten Kräuterquark probiert hat, wird keinen fertig gekauften mehr anfassen...

TIPP:

Experimentiert mit weiteren Zutaten. Zu Steaks vielleicht ein Kräuterquark mit deutlicher Rosmarin-Note. Frischer wird er durch Minze als Zutat.
Wer mit Vampiren rechnet, hebt den Knoblauch-Anteil an...

* * *

LEBERPASTETE

Ein einfacher Brotaufstrich, der gut in einem irdenen Gefäß daherkommt. Muss zu Hause vorbereitet werden und sollte kühl stehen.

250 g Geflügelleber
1-2 Teelöffel getrockneter Salbei
1 Teelöffel Öl, 1 Teelöffel Sojasauce
Salz und Pfeffer, Worcestershiresauce
100 g Butter, 10 Walnusskerne

Die Leber waschen, abtrocknen und würfeln. Mit dem Salbei in Öl ca. 3 Minuten kräftig anbraten. Hitze reduzieren und ca. 5 Minuten ziehen lassen, die Leber soll innen noch rosa sein. Die Hälfte der Leber lauwarm mit Salbei, Gewürzen und Butter pürieren und abschmecken. Restliche Leber in Streifen schneiden und Walnusskerne halbieren.

Die Lebercreme und -streifen sowie die Nüsse in eine passende Form einschichten und kalt stellen. Zum Servieren stürzen und in Scheiben schneiden. Wer die Pastete direkt aus der Form verwenden will, kann die Walnüsse auch weglassen und die Form mit einem Spiegel aus Aspik (Gelatine + Brühe) oder mit zerlassenem Gänseschmalz abdecken, das erhöht die Haltbarkeit.

VARIANTE: Im Mittelalter gab es weder Soja- noch Worcestershiresauce. Etwas Balsamico, oder Essig und Süßwein, könnte beide aber für eine Mittelalter-Version gut ersetzen.

* * *

PESTO GRUNDREZEPT

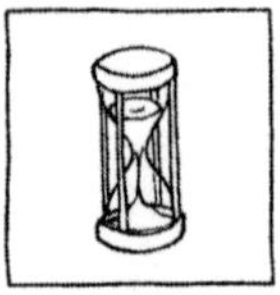

ca. 5 Kräutertöpfchen Basilikum oder andere Kräuter
ca. 50g Pinienkerne
ca. 5 Esslöffel geriebenen Pecorino
ca. 5 Esslöffel geriebenen Parmesan
2 Knoblauchzehen (nach Geschmack auch mehr)
qualitativ hochwertiges Olivenöl
etwas grobkörniges Meersalz (oder normales Salz)
eine Prise Pfeffer

Die Zutaten müssen der verfügbaren Kräutermenge angepasst werden. Arbeitet daher nach Augenmaß und Gefühl. Die Basilikum-Blätter abzupfen, waschen und gut trocknen. Die Pinienkerne in einer Pfanne ohne Öl anrösten, aber nicht zu dunkel werden lassen (das geht oft sehr schnell!). Den Käse reiben. Wem eine Reibe zu unambientig ist, der kann ihn auch in schmalen Streifen vom Stück schneiden und dann möglichst fein hacken.

Basilikum, Pinienkerne und Knoblauch mit dem Pürierstab zu einer Paste verarbeiten, oder das Basilikum und den Knoblauch hacken, mit den Pinienkernen in einen Mörser geben und zu einer Paste mörsern – diese Variante benötigt allerdings mehr Zeit und viel mehr Kraft, bringt aber geniales Ambiente.

Käse, Pfeffer und Salz untermischen und noch einmal gut durcharbeiten. Langsam das Olivenöl unterrühren, bis die Mischung eine cremige Konsistenz annimmt. In ein Töpfchen füllen, glattstreichen, mit einer dünnen Schicht Olivenöl bedecken und bald verzehren.

Pesti eignen sich nur bedingt für Zelt-Cons, da sie gekühlt aufbewahrt werden müssen.

Dazu passt: Pasta jeder Art, Brot, Stockbrot, warmes Fladenbrot, diverse Fleischgerichte, Reis.

Variationen:
Kaum ein anderes Rezept bietet so viele Variationsmöglichkeiten wie ein Pesto. Ganz klassisch werden diese mit Basilikum und Pinienkernen hergestellt. Das Basilikum kann aber durch nahezu jede Kräuterart ersetzt und ergänzt werden, z. B. durch Bärlauch, Rauke oder junge Brennnesseln. Aber auch durch getrocknete Tomaten oder Pilze.

Ein Pesto holt die leuchtendsten Farben aus euren Zutaten heraus und ist daher der optische und kulinarische Höhepunkt jeder Mahlzeit.

Die Pinienkerne können ebenfalls ersetzt werden z. B. durch Cashew- oder Walnusskerne.

Vorsicht Kostenfalle

Neben dem nicht geringen Aufwand, dessen es bedarf, ein Pesto herzustellen, sind sie eine echte Kostenfalle. Kauft die Pinienkerne nicht im Supermarkt. Dort zahlt ihr für 50 g mitunter schon über 2 oder 3 €. Sucht besser einen türkischen, italienischen oder Asia-Laden. Gerade in der mediterranen Küche werden Pinienkerne sehr häufig eingesetzt, daher erhaltet ihr dort größere Mengen zu einem fairen Preis.

Zudem verwendet man normalerweise für Pesto nur erstklassiges Olivenöl, zu Literpreisen um die 40 €. Dies dürfte beinahe jedes LARP-Budget sprengen, doch greift bitte nicht zu minderwertigem Billig-Öl, sondern zu der Qualität, die ihr euch gerade noch leisten könnt. Schlechtes Öl schmeckt vor.

Auch Parmesan und Pecorino gehören nicht zu den preiswerten Käsearten. Hin und wieder findet man sie bei Discountern zu einem etwas geringeren Preis als im Normalfall. Billig werden sie dennoch nicht. Verwendet auf gar keinen Fall die billigen, geriebenen Parmesane, die man in 500g-Dosen erwerben kann. Diese bringen einen stechenden Geschmack.

Wenn ihr als Spieler auf einer Veranstaltung echtem, selbstgemachtem Pesto über den Weg lauft, also nicht der Sorte, die von einer ehemaligen Tennisspielerin vermarktet wird, nehmt bitte nur sparsam, damit es für alle reicht, und genießt es indem Bewusstsein, vom Koch oder der Köchin mit einer aufwendigen und teuren Köstlichkeit verwöhnt zu werden.

* * *

Rauke-Butter

Gewürzte Butter ist ein nahrhafter und leckerer Brotaufstrich für alle Gelegenheiten. Ein ganz ähnliches Rezept kann man auch mit Bärlauch, wildem Schnittlauch oder Sauerampfer herstellen.

250 g Butter
1-2 Bund Rauke
Schale und etwas Saft von einer Zitrone
Salz, Pfeffer
evtl. Knoblauch.

Die Blätter von ein bis zwei Bund Rauke hackt man so fein es eben geht. Ein gutes Stück Butter von etwa 250 g, das Zimmertemperatur hat, verschlägt man mit der abgeriebenen Schale einer Zitrone, gibt ein wenig Zitronensaft dazu und mischt nun die gehackten Kräuter unter. Der wohlhabende Feinschmecker ergänzt mit etwas Salz und Pfeffer, für die bäuerliche Küche mag auch eine Zehe Knoblauch in diese Butter passen. Dazu eine Schnitte vom Bauernlaib oder Mandelbrot und vielleicht ein Stückchen Käse, ein Humpen Bier, und der Wandersmann muss nicht hungrig schlafen gehen.

* * *

Schinken im Töpfchen

Ein sehr würziger, gut haltbarer Brotbelag.

400 g Kochschinken, möglichst am Stück oder zentimeterdicke Scheibe
1 Teelöffel getrockneter Thymian
1 Teelöffel schwarze Pfefferkörner
1 Teelöffel Korianderkörner
25 g frischer Ingwer
Cayennepfeffer nach Wunsch
200 g fetter geräucherter Speck

Die Gewürze in einer Pfanne kurz anrösten, bis sie duften, und dann im Mörser zerstoßen (eine Gewürz- oder alte Kaffeemühle leistet ebenfalls gute Dienste). Den Ingwer schälen und fein reiben. Den Schinken würfeln, mit 1/4 Liter Wasser und den Gewürzen aufkochen, zudecken, 25 Minuten garen lassen, dann den Deckel abnehmen und nochmal 20 Minuten auf kleiner Flamme köcheln lassen. Während der Schinken abkühlt, in einem zweiten Topf den gewürfelten Speck mit 1 Esslöffel Wasser auf kleinster Hitze auslassen.

Den Schinken zerpflücken und in ein irdenes Gefäß (oder zwei Wurstgläser) schichten. Mit dem heißen Speckfett beträufeln, so dass obenauf eine dünne Fettschicht steht. Gläser mit Deckeln verschließen, einen irdenen Topf mit Pergament und einem Tuch zubinden. Erkalten lassen, kalt aufbewahren.

* * *

Senfhollandaise

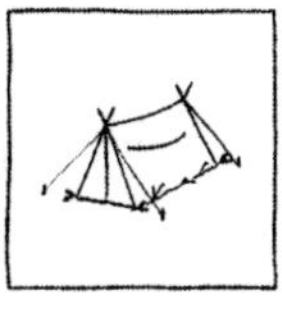

120 g kalte Butter
4 Eigelb
100 ml kräftiger Weißwein
2 Esslöffel Zitronensaft, möglichst frisch
2 Teelöffel Zucker
Grobkörniger Senf z. B. von Maille
Salz & Pfeffer nach Geschmack

Für dieses Rezept ist eine Feldküchenausrüstung mit Gasflamme zu empfehlen, da gleichmäßige, nicht zu starke Hitze benötigt wird.

Die kalte Butter in Würfel schneiden.

In einem Topf die Eigelbe mit Weißwein, Zitronensaft, Zucker, Salz und Pfeffer verquirlen. Kalt anschlagen (damit es besonders schaumig wird), dann bei mittlerer Hitze mit einem Schneebesen bis kurz vor dem Kochen zu einer dicklichen Creme aufschlagen. Nach und nach die Butterwürfel und dann den Senf unterrühren.

Variationen:
Für SciFi-Gerichte statt Senf Wasabipaste unterrühren.

* * *

VANILLESAUCE

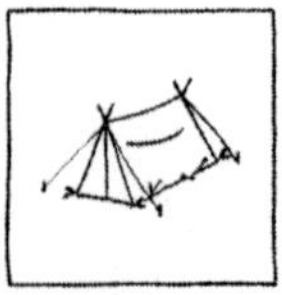

1 Ei
1/2 l Milch
1 Vanillestange
2 Esslöffel Rohrzucker
2 Teelöffel Speisestärke

Die Vanilleschote der Länge nach aufschlitzen und das Mark auskratzen. Die Milch mit dem Zucker, dem Vanillemark und der Vanilleschote langsam zum Kochen bringen. Die Speisestärke mit etwas kalter Milch anrühren, bis sie nicht mehr klumpt. Das Ei trennen und das Eiweiß steif schlagen.

Sobald die Milch kocht, die Vanilleschote entfernen und unter ständigem Rühren mit einem Schneebesen die angerührte Stärke einrühren. Kurz aufwallen lassen, dann vom Feuer ziehen. Das Eigelb unterrühren und zuletzt das steife Eiweiß unterheben.

Zu Armen Rittern oder Backäpfeln reichen.

* * *

Hauptmahlzeiten

Beutelschneiders Hühnerpfanne
Bohnen und Äpfel
Bohnenpfanne
Corned Beef Hash
Chuckwagon Corn
Eingelegte Würstel
Eiskaninchen – bzw. Enten-Confit
Endzeit Proteinbrei
Gebratener Kürbis
Gebratenes Sandwich
Gefülltes Brot
Geschmortes Mandelhuhn mit Viererlei Gewürz
Hackbraten
Herbstgemüse-Suppe
Käsespätzle
Kapern-Klopse
Kedgeree
Kichererbsen mit Paprikawurst
Kürbissuppe mit Rauke
Langosch
Lauwarme Nudeln mit Schafskäse
Malfatti
Mangold-Linsen-Suppe
Pastinakenpüree
Pergamentlachs
Protein-Eintopf
Pueblo Lamb Stew
Rabbithorns
Sauerkrautküchlein
Schweinebauch mit grünem Pfeffer
Schlammhüpfer
Smoked Beans
Sonntagsfisch
Stockfisch
Traditionelles Bohnengericht
Waldläufers Pilzgemüse
Wein-Käse-Suppe
Wurstgulasch
Zanzarelli
Zigeunergulasch

* * *

Beutelschneiders Hühnerpfanne

2 Esslöffel Olivenöl
1 Zitrone, Saft
1 Limette, Saft
1 Mandarine, Saft (oder etwas Orangensaft)
1 Teelöffel scharfes Paprikapulver
1 Teelöffel süßes Paprikapulver
1 Teelöffel Oregano
1/2 Teelöffel Pfeffer
1 Teelöffel Kräutersalz; notfalls 1/2 Teelöffel Salz und etwas mehr Oregano
4 Hähnchenbrustfilets
1 großer Gefrierbeutel

Die Hühnerbrustfilets in je 4 flache Streifen schneiden und in den Gefrierbeutel geben. Die Zutaten für die Marinade in einer kleinen Schale gut durchrühren, dann über das Huhn geben und mit dem Beutel ein wenig durchkneten. Beutel sehr gut verschließen – ideal ist ein Folienschweißgerät, notfalls mehrere Gummibänder. Eventuell wenn die Nähte nicht dicht sind, in einen zweiten Beutel verpacken. Möglichst flach liegend einfrieren.

Am Tag der Abreise den Beutel möglichst zuletzt aus dem Gefrierer nehmen und gut verpacken – Kühltasche oder mehrere Lagen Papier und Tücher. Im Lager langsam in der Marinade auftauen lassen. Mitsamt Marinade in das Kochgefäß geben und auf starker Hitze gut durchbraten. Oder auf Spieße ziehen und grillen.

Das kann man auch mit preiswerten Stücken wie Hühnerkeulen zubereiten, aber die müssen dann länger garen – wie immer: **Achtung, Huhn muss komplett durch sein, sonst besteht Salmonellengefahr!**

Mit ein paar gebratenen Zucchinischeiben oder Paprikastreifen wird eine ganze Mahlzeit daraus, sehr gut machen sich die Hühnerstücke auch mit ein paar Zwiebelringen in Fladenbrote gewickelt.

Mit den Gewürzen darf nach Geschmack experimentiert werden, statt Zitrussäften kann man auch Essige verwenden – wichtig ist aber immer die Säure in der Marinade!

* * *

Bohnen und Äpfel

Eine einfache Beilage zu gebratenem oder gegrilltem Fleisch, oder auch ein vegetarisches Hauptgericht. Benötigt Vorbereitung und etwas Zeit.

250 g weiße Bohnen
3 Zwiebeln, 1 Lorbeerblatt
1 Esslöffel Bratfett
2 säuerliche Äpfel, 2 Esslöffel Zucker oder Honig, 3 Esslöffel Essig
Salz und Pfeffer
1 Bund frischer Majoran, oder reichlich gefriergetrockneter

Die Bohnen am Morgen kalt einweichen. Abends mit dem Einweichwasser zum Kochen bringen. Eine Zwiebel kleinschneiden und mit dem Lorbeerblatt dazugeben, eine Stunde köcheln lassen. (Am besten vorbereiten.)

Die Äpfel in Spalten schneiden und in einer Pfanne in Butter andünsten, mit Zucker bestreuen und goldgelb braten. Den Essig dazu gießen. Überschüssige Flüssigkeit von den Bohnen abschütten, dann das Apfelgemisch hinzufügen. Majoran unterrühren, kurz durchziehen lassen, abschmecken.

* * *

Bohnenpfanne

Eingesalzene oder eingestampfte (milchsaure) Bohnen passen gut in dieses Gericht, aber auch grüne Bohnen aus der Dose bzw. Im Glas eingekocht kann man verwenden – bitte daran denken, sie in ein stilistisch passendes Gefäß, etwa einen Tontopf, umzuschichten.

Dieses Gericht ist sehr einfach, es kommt mit 4 Zutaten aus – Bohnen aus dem Glas (und ihre Flüssigkeit), Speckwürfelchen, Kartoffeln und reichlich getrocknetes Bohnenkraut.

1 großes Glas Bohnen, oder 2 kleinere (notfalls 1 große Dose) - mit Flüssigkeit
100-200 g Speck, gewürfelt
4-6 mittelgroße Kartoffeln
getrocknetes Bohnenkraut

In der großen Pfanne brät man die Speckwürfelchen an, gibt die Bohnen samt Flüssigkeit dazu, würzt großzügig mit Bohnenkraut und rührt einmal um.

Nun schichtet man geschälte Kartoffeln in dicken Scheiben auf die Bohnen, bis das Gemüse bedeckt ist (überlappende Kreise). Noch einmal mit reichlich Bohnenkraut bestreuen, einen Deckel fest auflegen und eine halbe Stunde garen lasen.

Dann sind die Kartoffeln weich gedämpft und alles zusammen schmeckt hervorragend.

Für ein herzhafteres Mahl kann man Mettenden, Chorizowürstchen oder Cabanossi in Scheiben zu der Bohnenmischung hinzugeben.

* * *

Corned Beef Hash

Ein klassisches Western-Gericht, das auch gut in die Endzeit-Küche passt.

1 Dose Corned Beef (Etikett abziehen - Ambiente)
4 mittelgroße Kartoffeln
1 Zwiebel
Öl oder Speckfett

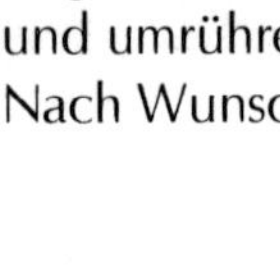

Die Kartoffeln schälen (oder sehr gut schrubben) und sehr klein würfeln. In der Pfanne im Bratfett möglichst knusprig braten. Die gewürfelten Zwiebeln zugeben und kurz mit braten, dann das Corned Beef aus der Dose darüber bröckeln, unterrühren. Abgedeckt einige Minuten garen lassen, dabei ab und zu den Deckel anheben und umrühren. Am besten schmeckt das Gericht, wenn es knusprig braun wird. Nach Wunsch noch mit Pfeffer und Salz abschmecken.

* * *

Chuckwagon Corn

Für dieses Rezept ist ein Dörrapparat vonnöten.

1 kg Maiskörner, frisch, blanchiert - alternativ 1 kg tiefgefrorene Maiskörner, aufgetaut
2 Zwiebeln, gepellt und auf Maiskorngröße gehackt
1-2 groß. Paprikaschoten, rot und grün , in Würfeln (knapp maiskorngroß)
1 Teelöffel Maisstärke
1/2 Teelöffel Cayennepfeffer
1/2-1 Teelöffel Salz
1/2 Teelöffel Pfeffer

Die Gemüse miteinander vermengen. Gewürze und Stärke in einer kleinen Schale gründlich verrühren, dann gleichmäßig über das Gemüse stäuben. Gut umwenden, bis alles verteilt ist. Den Mais auf Trocknergittern ausbreiten und dörren, bis alles gut durchgetrocknet ist.

Im Camp mit Wasser als Gemüse oder mit einer Dauerwurst oder Speck als Eintopf aufkochen und garen lassen, bis der Mais wieder weich ist.

* * *

Eingelegte Würstel

Die sauer eingelegten Würstchen werden ganz ambientig direkt aus dem Steinguttopf gegessen.

1 1/2 Liter Wasser , 1/2 Liter Weißweinessig
2 Esslöffel Salz, 4 Esslöffel Zucker
5 Lorbeerblätter , 10 Gewürznelken
1 Esslöffel schwarze Pfefferkörner
1 Esslöffel Wacholderbeeren
2 Zwiebeln , 2 Möhren
1 Stück Sellerie (etwa 1/2 kleine Knolle)

PRO PERSON 3 Paar kleine Rostbratwürste, ungebrüht (wie Nürnberger) oder 2-3 kleinere Bratwürste, ungebrüht

Die Zutaten für den Sud mischen (Wasser bis Wacholderbeeren). Die Wacholderbeeren beim Zugeben etwas mit den Fingern zerdrücken. Alles in einem großen Topf aufkochen lassen und zugedeckt 30 Minuten kochen. In der Zwischenzeit das Gemüse putzen und kleinschneiden, dann in den Sud geben und noch eine Viertelstunde mitgaren. Die Würste einlegen. Bei der Verwendung von Nürnberger Würstchen oder ähnlich dünnen Würsten nun den Topf vom Herd nehmen und beiseite stellen; wer dickere Bratwürste hat, sollte diese noch einmal sprudelnd mit aufkochen lassen. Eventuell in ein InTime-tauglicheres Gefäß umfüllen.

Die Würste zugedeckt mindestens 12 Stunden durchziehen lassen. Aus dem Sud servieren, dazu gibt es Brot, Butter und scharfen Senf.

* * *

Eiskaninchen – bzw. Enten-Confit

Dieses Confit wird auf Darkover auch mit Eiskaninchen zubereitet, auf der Erde dagegen mit Entenkeulen.

Die Eiskaninchen leben in den wirklich kalten Gegenden Darkovers und sind mit ihrer dicken Fettschicht bestens gerüstet für die Kälte. Bei den Darkovanern gelten sie als besonders nahrhaft.

<u>Gewürzsalz</u>

1/2 Tasse grobes Meersalz, 2 Lorbeerblätter, zerbröckelt
2 Esslöffel Thymian, getrocknet
2 Handvoll Petersilienblätter, gut abgetrocknet
1 Teelöffel schwarze Pfefferkörner

<u>Confit</u>

8 Entenkeulen oder Eiskaninchenkeulen
ca. 1 kg Enten- oder Gänseschmalz; Schweineschmalz ist nur eingeschränkt geeignet (und schmeckt nicht so gut)
1 irdenes Gefäß, das groß genug für die Keulen ist

Für das Gewürzsalz alle Zutaten in einem großen schweren Mörser zu einer gleichmäßig grünen Gewürzmischung verarbeiten. OutTime kann man auch eine alte elektrische Kaffeemühle o. ä. verwenden.

Abstehende Haut von den Entenkeulen, soweit nötig, abschneiden, ebenso offensichtlich obenliegendes Fett. Dieses Fett und die Haut kann man auslassen (in einer Pfanne auf niedriger Flamme, mit 1 Esslöffel Wasser) und später zum Entenschmalz geben.

Jedes Entenbein mit 1 Esslöffel von dem Gewürzsalz einreiben, mit der Fleischseite nach oben in einer Schicht in eine Auflaufform legen. Mit Folie bedecken und 24 Stunden in den Kühlschrank stellen.

Ofen auf 90 Grad vorheizen. Die Entenbeine unter fließendem Wasser abspülen, gut trocken tupfen. In ein großes ofenfestes Gefäß legen, das einen Deckel hat (z. B. Bräter). Nicht mehr als zwei Entenbeine übereinander schichten! Genug zerlassenes Schmalz darüber gießen, dass die Keulen eben bedeckt sind. Den Topf verschließen und 10 Stunden im Ofen garen lassen. Nach 8-9 Stunden vorsichtig überprüfen, ob das Fleisch gar (zart) ist, wenn man hinein sticht. Nach Bedarf bis zu zwei Stunden länger garen lassen – die Keulen sollen aber auch nicht zu weich werden, sonst fallen sie später auseinander.

Entenkeulen etwas abkühlen lassen, dann aus dem Fett nehmen und vorsichtig in das Gefäß schichten, indem sie aufbewahrt werden sollen. Je dichter die Keulen beieinander liegen desto besser. Das flüssige Fett durch ein Sieb darüber gießen. Die Keulen sollen am Ende komplett von Schmalz bedeckt sein. Abdecken und in den Kühlschrank stellen.

Im Kühlschrank hält sich das Confit so durchaus zwei Wochen; ohne Kühlung (außer im Sommer) einige Tage. Wenn man das Confit zubereiten will, entnimmt man einfach eine Entenkeule pro Portion und brät sie langsam im eigenen Fett auf (sie schmeckt auch kalt zu Brot).

Gut zu Hause vorzubereiten. Das Fett kann zur Zubereitung anderer Gerichte (Bratkartoffeln, Kürbispfanne, Eier, würzige Pfannkuchen etc) verwendet werden.

* * *

Endzeit-Proteinbrei

Die Sonne hat sich verdunkelt, es gibt keine Pflanzen mehr und folglich auch kaum Tiere. Das Hauptnahrungsmittel ist ein Proteinbrei, von dem niemand so genau wissen möchte, wie er eigentlich hergestellt wird...

Die beschriebene Menge reicht für 1 Person.

1 Tasse Quinoa
2 Tassen Wasser
Buttermilch
Salz, Pfeffer

Quinoa und das Wasser zusammen aufkochen, bis der Keimling zu sehen ist. *Alternativ*: Quinoa mit kochendem Wasser übergießen und 1-2 Stunden quellen lassen.
Wasser vorsichtig abgießen und den Quinoa abkühlen lassen.
Soviel Buttermilch zugeben, dass der Quinoa knapp bedeckt ist.
Mit Salz und Pfeffer abschmecken.

* * *

Gebratener Kürbis

Der Kürbis ist aus der amerikanischen Küche nicht wegzudenken. Gerade der Hokkaido-Kürbis, der mitsamt Schale verwendet werden kann, bietet sich für die Lagerfeuerküche an. Kürbisspalten oder -würfel, mit Gewürzen und etwas Speck und Zwiebel gebraten, sind einfach, nahrhaft und sättigend – Vegetarier können den Speck natürlich weglassen.

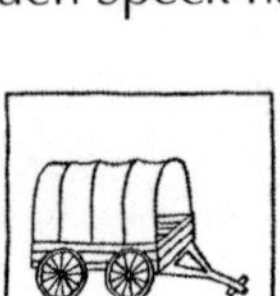

1 Hokkaido-Kürbis, etwa 1 - 1,5 kg Gewicht
1-2 Zwiebeln,
1 Knoblauchzehe
Speck, gewürfelt, 50 g bis nach Lust und Laune
reichlich getrockneter Majoran
1 Apfel, nach Wunsch
Bratfett, etwa Öl, Butterschmalz, Speckfett oder Schmalz
Salz & Pfeffer

Den (gewaschenen) Kürbis halbieren, entkernen und ungeschält in kleine Spalten oder Würfel schneiden. Zwiebeln in Spalten oder Ringe schneiden, Speck und Knoblauch würfeln. Das Fett in der Pfanne erhitzen, den Kürbis darin etwa 4 Minuten anbraten. Zwiebeln und Speck zugeben und nochmal 4 Minuten braten. Den Apfel entkernen, ungeschält in Spalten schneiden, mit dem Knoblauch in die Pfanne geben, alles weitere 6-8 Minuten braten, beim Rühren mit Majoran bestreuen. Salzen und pfeffern.

* * *

Gebratenes Sandwich

8 Sc heiben Sandwichbrot oder ein anderes weiches helles Brot
2 Kugeln Mozzarella
4 Tomaten
3 Eier
3 Esslöffel Milch oder Sahne
etwas Mehl
Salz und Pfeffer
getrocknete Kräuter
Bratfett, im Idealfall Olivenöl

Tomaten in Scheiben schneiden, Saft gut abtropfen lassen. Mozzarella in Scheiben schneiden und auf 4 Brote verteilen, darauf Tomatenscheiben legen. Mit Salz und Pfeffer und Kräutern überstreuen. Mit Brotscheiben bedecken, festdrücken. Eier mit Milch verschlagen. Brote zunächst in Mehl, dann in Ei wenden. Im Fett in der Pfanne langsam goldbraun braten, verspeisen.

* * *

Gefülltes Brot

Teig
1 Päckchen Kartoffelbrei-Pulver , 200 ml heißes Wasser
100 ml Milch, 1 Becher Saure Sahne (ca. 200 g)
400 g Weizenvollkornmehl, 1 Beutel Trockenhefe
1 Teelöffel Salz, 1 Teelöffel Kräutersalz
1 Teelöffel Honig, 1 Esslöffel (Oliven)-Öl

Füllung
5 hartgekochte Eier, 200-300 g Schafskäse
frische oder getrocknete Kräuter (z. B. Salbei, Oregano, Majoran, Schnittlauch)
Kräutersalz, etwas Öl

Die angegebene Menge reicht für ca. 3 kräftige Krieger oder 4-5 zarte Elfen.

Das Kartoffelbreipulver rührt man mit ungefähr 3/5 der auf der Packung angegebenen Menge Flüssigkeit und einem Teelöffel Salz an. (In diesem Fall wären das 500 ml gewesen, also nehmen wir nur 300 ml, bestehend aus 200ml heißem Wasser und 100 ml Milch.) Einen Teil des Mehls, den Honig und die Hefe hinzugeben und gut verrühren bzw. durchkneten. Öl, etwa die Hälfte der sauren Sahne, Salz und das restliche Mehl hinzugeben und weiter durchkneten. Von der restlichen sauren Sahne so viel hinzugeben, dass der Teig geschmeidig, aber nicht zu feucht ist. Zu einer Kugel formen und in der Schüssel, mit einem feuchte Küchentuch abgedeckt, an einer warmen Stelle zirka eine halbe Stunde gehen lassen.

Eine saubere Unterlage, z. B. ein großes Brett, gut mit Mehl bestäuben und den Teig darauf gleichmäßig ausrollen. Wenn kein Nudelholz zur Hand ist, kann man auch versuchen, ihn mit den Händen zu einem großen Teig-Viereck zu formen.

Derweil die Eier hart kochen und pellen. Die Eier hintereinander auf den Teig legen. Den Schafskäse in Würfel schneiden und darüber verteilen. Frische Kräuter klein hacken und darüber geben oder getrocknete Kräuter direkt darauf streuen. Mit dem Kräutersalz würzen und mit etwas Öl beträufeln. Die Seiten des Teiges einschlagen und die Enden über der Füllung zusammendrücken und auf diese Weise eine Rolle formen. Diese noch kurz etwas gehen lassen und dann bei 200 Grad im vorgeheizten Backofen etwa 45 Minuten lang durchbacken lassen. Die Oberseite mit etwas Öl bestreichen.

Direkt nach der Backzeit in dicke Scheiben schneiden und servieren.

Variation:
Das Brot kann natürlich auch mit allem anderen gefüllt werden, z. B. als Resteessen, mit durchgebratenem Fleisch oder Würstchen.

* * *

Geschmortes Mandelhuhn mit Viererlei Gewürz

1 Huhn, zerlegt, oder pro Person ein Hähnchenschenkel
100 g gemahlene Mandeln
3 Esslöffel gefriergetrocknete Petersilie (oder reichlich frische, gehackt)
1/2 Liter Wasser (oder Brühe)
3 Teelöffel Viererlei Gewürz (siehe: Gewürzmischung des Mittelalters)
2 Esslöffel Fett: Schmalz, Öl oder ausgelassenes Hühnerfett
Salz

Hühnerstücke bei starker Hitze im Fett anbraten. Wenn sie langsam Farbe annehmen, mit 1 Teelöffel Gewürzmischung und etwas Salz bestreuen. Weiter braten, bis sie rundum braun sind, dabei noch einmal mit 1 Teelöffel Gewürz überstreuen. Mit Wasser bzw. Brühe ablöschen und 30-40 Minuten kochen.

Petersilie und Mandeln miteinander vermengen. Wenn das Huhn gar ist, herausnehmen und beiseite stellen, wenn möglich warm stellen.

Mandel-Kräutermischung zur Sauce geben und kochen, bis sie eindickt. Wer keine Möglichkeit hat das Fleisch warm zu stellen, gibt es hier wieder in die Sauce.

Das Huhn auf einer Platte anrichten und mit der Sauce überziehen. Mit einer Prise der Gewürzmischung bestreuen und die Sauce verteilen, evtl. noch etwas Petersilie darüberstreuen.

Achtung:
Bitte daran denken: Frisches Huhn muss unbedingt gut und ohne Unterbrechung bis zur Verwendung gekühlt sein! Gegenstände, die mit rohem Huhn in Kontakt gekommen sind, unter kochendem(!) Wasser reinigen. Hände waschen nicht vergessen. Mit Salmonellen ist nicht zu spaßen

* * *

* * *

HACKBRATEN

Ein Hackbraten ist eine schmackhafte und preiswerte Methode, viele Leute satt zu bekommen, wenn man einen Ofen hat. Diese Version ist sehr kräftig gewürzt und enthält auch viele Gemüse.

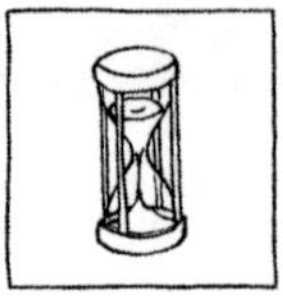

Gewürzmischung

2 Lorbeerblätter, zerbröckelt, 1 Teelöffel Salz, 1 Teelöffel Cayenne
2 Teelöffel schwarzer Pfeffer, 1/2 Teelöffel Kreuzkümmelpulver
1/2 Teelöffel Muskatnuß

Hackbraten

1 kg bis 1,5 kg gemischtes Hackfleisch
1 Becher Semmelbrösel, 2 Eier
1/2 Becher Ketchup, 1/2 Becher Milch
1 Esslöffel Worcestershiresauce
1 Esslöffel Tabasco
2 Knoblauchzehen, 1 Bund Lauchzwiebeln
1 grüne Paprikaschote, 3 Zwiebeln
3 Stangen Staudensellerie

Die Gemüse alle fein hacken. Butter in einem großen Topf zerlassen, dann die Gemüse, Gewürze und Tabasco und Worcestershiresauce dazugeben und alles unter Rühren zu einer dicken Masse köcheln, das dauert ungefähr 5 Minuten. Immer wieder über den Topfboden kratzen, damit nichts hängenbleibt.

Milch und Ketchup zugießen, weitere 2 Minuten unter Rühren kochen. Abkühlen lassen, dann Hackfleisch, verschlagene Eier und Semmelbrösel unterkneten. Ein Backblech oder eine große Auflaufform fetten und mit den Händen aus dem Fleischteig einen großen, ungefähr 4 cm hohen Laib formen. Bei 160 Grad 25 Minuten backen, dann die Hitze auf 200 Grad erhöhen und weitere 35 Minuten backen. Zum Servieren in Scheiben schneiden. Nach Wunsch mit einer scharfen Sauce und Kartoffelpüree servieren. Kalt schmeckt der Hackbraten auch als Sandwichbelag – ideal für die Mittagsversorgung am Folgetag.

Achtung! Hackfleisch nur verwenden, wenn eine lückenlose Kühlung gewährleistet ist und das Hackfleisch am selben Tag hergestellt wurde!

* * *

Herbstgemüse-Suppe

Ein ganz einfaches, sättigendes Gericht aus preiswerten Wurzelgemüsen, das sich gut abwandeln oder für große Mengen hochrechnen lässt.

1/2 Steckrübe, 3 Möhren
1/2 Sellerieknolle, 1 Stange Lauch
1 1/4 Liter Brühe
1 Esslöffel Bratfett, z. B. Olivenöl
4-6 Esslöffel Grünkernschrot, Buchweizenschrot oder Gerstengrütze
1 Teelöffel braune Senfsamen, 2 Lorbeerblätter
Pfeffer und Salz, Petersilie

Die Gemüse putzen und in 1-cm-Würfelchen schneiden, den Lauch gut waschen und in feine Streifen schneiden. Im Suppentopf das Fett erhitzen, Getreide und Senfkörner hineingeben und warten, bis die Senfkörner springen.

Mit knapp 1 Liter Brühe ablöschen und die geschnittenen Gemüse sowie die Lorbeerblätter zugeben. Kochen, bis das Gemüse gerade eben weich ist, aber noch ein wenig Biss hat. Mit Salz und Pfeffer abschmecken, falls nötig mit Brühe verlängern, und mit viel gehackter Petersilie bestreut servieren.

Tipp: Sehr lecker schmeckt das Gericht auch mit Quinoa statt normalem Getreide, ist dann aber nicht mehr MA-kompatibel.

* * *

Käsespätzle

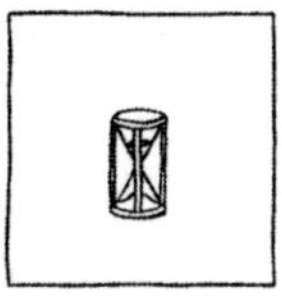

250 g Spätzle
150 g geriebener Emmentaler
1 Zwiebel
1-2 Frühlingszwiebeln oder Schnittlauch (optional)
Salz & Pfeffer
(Oliven-)Öl

Spätzle in Salzwasser mit etwas Öl gar kochen. Abgießen, beiseitestellen und im Topf die kleingeschnittene Zwiebel in etwas Olivenöl andünsten. Spätzle und Käse dazugeben und auf mittle er Flamme regelmäßig rühren, bis der Käse vollständig geschmolzen ist. Mit Salz und Pfeffer abschmecken und eventuell Frühlingszwiebeln oder Schnittlauch unterrühren.

* * *

KAPERN-KLOPSE

4 Portionen

800 g frische (ungebrühte) Bratwurst; für eine feine Version: Kalbsbratwurst
1 Liter Gemüsebrühe, 2 Lorbeerblätter
1 kräftige Prise Pimentpulver, optional
1/2 Teelöffel Muskatpulver, unverzichtbar!
2 Esslöffel Kapern (oder 1 Gläschen, nicht das ganz kleine)
etwas Essig; ersatzweise Einlegeflüssigkeit der Kapern
etwas Zucker, Mehl zum Binden
1 Eigelb, 2 Becher Schmand (dicker Sauerrahm)

Brühe in einem großen Topf erhitzen und die Gewürze zugeben. Die Bratwurstmasse aus der Wurst heraus zu kleinen Bällchen drücken und gleich in den Topf geben. Im Idealfall sind alle Bällchen knapp von Brühe bedeckt. 10 Minuten kochen lassen, dann 1 ½ Becher Schmand und 1 Esslöffel Kapern zugeben, einen Schuss Essig und einen Esslöffel Zucker. Offen weitere 15 Minuten kochen lassen. In einem Becher das Eigelb mit etwas abgeschöpfter Brühe verrühren und langsam unter Rühren wieder in den Topf geben. (Auf diesen Schritt kann man im Lager auch verzichten, allerdings schmeckt das Endergebnis dann etwas anders.) Abschmecken – das Ganze sollte sehr kräftig gewürzt und etwas süßsauer sein. Nun die Sauce nach Wunsch mit dem Mehl andicken – immer erst einige Minuten kochen lassen, ehe man neues Mehl, am besten mit etwas Wasser angerührt, zugibt. Je nach Dicke der Sauce genügen 1-2 Esslöffel. Kurz vor dem Essen den restlichen Schmand und noch einen Esslöffel Kapern einrühren.

Dazu reicht man Kartoffeln zum In-der-Sauce-Zerdrücken, Brot oder Reis.

* * *

KEDGEREE

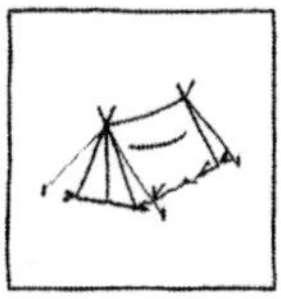

2-3 Tassen Reis
5 hartgekochte Eier
300-400g geräucherter Heilbutt
etwas Butter
1 Zwiebel
1/2 Tasse gehackter Schnittlauch (oder auch Petersilie)
1/2 Teelöffel Kurkuma
Saft einer halben Zitrone
Salz & Pfeffer

Hiervon werden 4-6 Personen gut satt.

Den Reis in ausreichend Salzwasser mit etwas Butter gar kochen, dann abgießen Die Zwiebel hacken und in einem ausreichend großen Topf in Butter andünsten, den Reis hinzugeben, den Räucherfisch zerpflücken und unterrühren. Mit dem Schnittlauch, Kurkuma, Zitronensaft, Salz und Pfeffer würzen und zum Schluss die Eier pellen, fein hacken und unterheben.

* * *

KICHERERBSEN MIT PAPRIKAWURST

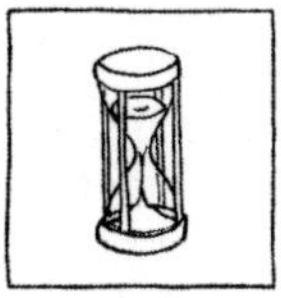

250 g Kichererbsen, über Nacht oder seit dem Morgen eingeweicht
2 Esslöffel Öl, 2 Knoblauchzehen
Salz, Pfeffer, 2 Esslöffel Tomatenmark
100 g durchwachsener Speck
100 g Chorizo (notfalls Cabanossi oder türkische Knoblauchwurst)

Kichererbsen abgießen und abtropfen lassen, Fett im Kochtopf erhitzen und den gehackten Knoblauch darin anbraten. Die Kichererbsen dazugeben, gut umrühren und mit 1 1/4 Litern Wasser aufgießen, leicht salzen. 90 Minuten kochen lassen. Den Speck würfeln, die Wurst in Scheiben schneiden. Beides mit dem Tomatenmark zu den Kichererbsen geben und nochmal eine Stunde kochen lassen. - Dazu gibt es ein Stück aufgebackenes oder geröstetes Brot.

* * *

Kürbissuppe mit Rauke

Ein schönes Herbst-Rezept, das vier bis fünf Personen sättigt.

1 Hokkaido (oder anderer Kürbis)
ca. 2 l Gemüsebrühe, 200 ml Weißwein
4-5 Tomaten, 200 g Rauke
etwas Sahne, 1 Esslöffel frischer Thymian, gehackt
Salz, Pfeffer

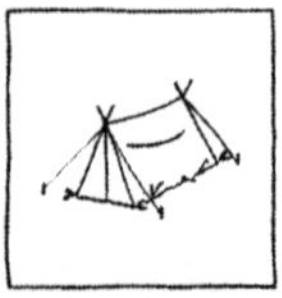

Hokkaido waschen, Strunk entfernen und mit Schale in Würfel schneiden. (Jede andere Kürbissorte von der Schale befreien und in Würfel schneiden.) Die Kürbis-Würfel in der Gemüsebrühe und dem Wein ca. eine halbe Stunde weich kochen.

Kürbis in der Gemüsebrühe zu einer sämigen Suppe zerkleinern. Dies geschieht am einfachsten mit einem Pürierstab oder Mixer, aber man kann das Ganze auch durch eine flotte Lotte pressen oder mit einem Kartoffelstampfer sorgfältig zerdrücken. (Vorsichtig arbeiten, Verbrühungsgefahr, wenn es spritzt!)

Während der Kürbis kocht, wäscht man die Tomaten, viertelt sie und entfernt Strunk und Kerne. Dann mit Schale in feine Würfel schneiden. Die Rauke gut waschen, grob hacken und beiseite stellen. Die Suppe mit Thymian, Salz und Pfeffer abschmecken und die Tomaten hineingeben. Kurz ziehen lassen. Den größten Teil der Rauke unterheben und die Suppe ausgeben. Etwas Rauke über die einzelnen Portionen streuen.

Dazu Scheiben vom Bauernlaib oder Nussbrot und Butter reichen.

* * *

Langosch

Der Renner in der Taverne auf dem
Necronomi Con III - Der Thron der Lüfte

250 g gekochte Kartoffeln (Pellkartoffeln)
500 g feines Mehl (Type 550), etwas Salz
1 Päckchen Trockenhefe
1 Löffel Honig
etwas lauwarmes Wasser

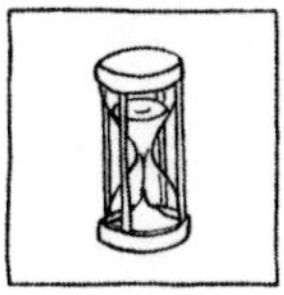

Die Menge reicht für 2-3 Personen.

Die Mengen seien hier nur beispielhaft genannt. Man wahre einfach das Verhältnis 1/3 Kartoffelanteil, 2/3 Mehlanteil und füge auf 500g Mehl 1 Päckchen Trockenhefe hinzu. Die Hefe gibt man mit dem Honig in ein ausreichend hohes Gefäß, füllt einen oder zwei Schlucke lauwarmes Wasser auf und stellt sie dann an einen warmen und Zugluftfreien Ort. Man stampft die Kartoffeln sehr fein und vermengt sie mit Mehl, Salz, etwas lauwarmem Wasser und der aufge-gangenen Hefe. Gut durchkneten, bis ein gleichmäßiger, nicht zu flüssiger Teig entsteht. Diesen in einer mit Mehl ausgestreuten Schüssel eine bis zwei Stunden gehen lassen.

In eine große Pfanne mit hohem Rand 2-3 Liter Öl geben. Öl zum Nachfüllen bereitstellen, wenn eine große Menge Langosch zubereitet werden soll. Öl erwärmen, bis sich an einem Holzlöffel kleine Bläschen bilden. Die Temperatur nicht weiter steigern, sondern auf diesem Level halten. Das Öl sollte auf keinen Fall rauchen.
Die eigenen Hände einölen, dann immer eine Handfläche voll Teig aus der Schüssel entnehmen und zu einem Fladen formen. Diesen noch kurz gehen lassen, dann in das heiße Öl legen.

Die Fladen sinken auf den Boden, sollten sich aber nach ein paar Sekunden aufblähen und dann wieder an die Oberfläche steigen. Notfalls mit einem Kochlöffel leicht nachhelfen, falls sie am Pfannenboden anzubacken drohen. Langosch von beiden Seiten goldbraun ausbacken lassen, aus der Pfanne nehmen und in einem mit Küchenpapier ausgelegten Sieb kurz abtropfen lassen.

Noch heiß servieren.

Dazu passt: Kräuterquark, Pflaumenmus, Apfelmus, Marmelade, saure Sahne, Waldläufers Pilzgemüse oder andere süße oder herzhafte Beilagen.

Tipp:
Langosch ist, durch die lange Gehzeit und den Bedarf an gleichmäßig heißem Öl, ein eher aufwändiges Gericht. Eine gute Feldküchenausstattung mit Gas-Kocher wird empfohlen.

* * *

Lauwarme Nudeln mit Schafskäse

Ein schnelles, leckeres Essen für zwei. Man braucht außer einem Pastatopf eine große Schüssel, ein Messer, einen Löffel, ein Schneidbrett und ein Sieb, um die Pasta abzugießen.

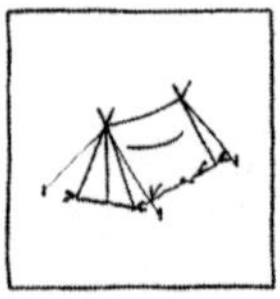

1 Handvoll Pinienkerne
1 Knoblauchzehe
1 Büschel Petersilie
100 g Fetakäse
200 g Kirschtomaten
1 1/2 Esslöffel Essig, am besten Rotweinessig
1 Esslöffel Öl, am besten Olivenöl
1 Becher reisförmige Nudeln (Orzo, Rissoni, Kritharaki) oder Sternchennudeln (oder andere Nudeln)

Die Pinienkerne kurz trocken im Topf anrösten, herausnehmen. Salzwasser für die Nudeln aufsetzen. Knoblauch und Petersilie hacken und mit Essig und Öl in einer Schüssel verrühren, salzen und pfeffern. Tomaten vierteln und hineingeben, den Feta dazubröckeln, alles gut vermischen.

Pasta al dente kochen, dann abgießen, abtropfen lassen und in die Schüssel zu den Tomaten geben, vermischen. Mit den Pinienkernen bestreuen.

* * *

* * *

MALFATTI

... oder die schönste Art, Spinat zu essen. Wer sich Feinde machen will, bezeichnet sie als *Orkbällchen.*

Für 4 Portionen:

1 kg Tiefkühlspinat
500 g Ricotta
4 Eier
ca. 200g Semmelmehl (lieber etwas mehr)
Salz, Pfeffer, Muskatnuss
etwas Butter
100 g geriebenen Parmesan

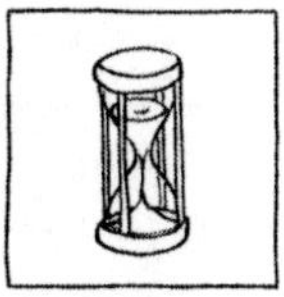

Einen Kessel mit etwa drei Litern Wasser über das Kochfeuer hängen und zum Kochen bringen.

Den Spinat, wenn nötig, noch etwas kleinhacken, dann in einer ausreichend großen Schüssel mit Ricotta und den Eiern vermischen. Soviel Semmelbrösel hinzugeben, bis der Teig stabil genug wirkt und nicht mehr so sehr klebt. Nun mit Salz, Pfeffer und eventuell auch etwas Muskatnuss abschmecken. Mit den Händen zu gleichmäßig großen Bällchen rollen.

Nun wird das Kochwasser gesalzen und die Bällchen vorsichtig hineingelegt. Wenn die Klöße an die Wasseroberfläche steigen, sind sie gar und können herausgehoben werden.

Über dem Feuer kann man noch etwas Butter bräunen und darübergießen. Zum Schluss bestreut oder wälzt man sie indem geriebenen Parmesan und lässt sich die Malfatti schmecken.

* * *

* * *

Mangold-Linsen-Suppe

2 Stauden Mangold, oder 1 große
500 g grüne oder schwarze Linsen
2 Esslöffel Tomatenmark oder eine Handvoll Tomaten, fein gewürfelt
2 Kapseln Safranfäden oder 2 Teelöffel Kurkuma
1 große Gemüsezwiebel
Bratfett
Salz und Pfeffer
2 Liter Brühe (in etwa)

Den Mangold waschen und putzen und mitsamt Stielen in Streifen schneiden. Die Linsen in einem Topf gar *kochen* (nur mit Wasser; oder fertig gegarte verwenden – eventuell am Vorabend vorbereiten). Die Zwiebel würfeln und den Mangold mit den Zwiebeln im Suppentopf im Bratfett andünsten, dann Tomatenmark oder Tomaten und den in Wasser aufgelösten Safran (oder das Kurkumapulver) zugeben. Kräftig salzen und Pfeffer, die Linsen und die Brühe zugeben und alles eine halbe Stunde durchkochen lassen.

Abschmecken, dazu gibt's ein Stück Brot und, wenn man mag, einen Humpen Wein.

* * *

Pastinakenpüree

Eine einfache Beilage zu allem Gebratenen oder ein alltägliches Bauernmahl.

300 g Pastinaken PRO PERSON
Gemüsebrühe
Butter, Milch oder Sahne

Die Pastinaken putzen, schälen und in Stücke/Würfel schneiden. In der Gemüsebrühe weich kochen (ca. 10-15 Minuten). Brühe abgießen, die Pastinaken mit einem Kartoffelstampfer zerdrücken und etwas Butter oder heiße Milch oder Sahne zugeben.

* * *

PERGAMENTLACHS

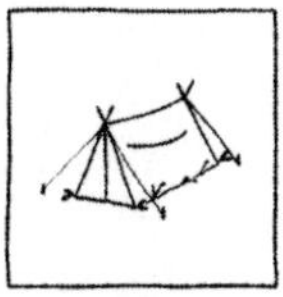

1 ausgenommener Lachs
2-3 Zitronen mit unbehandelter Schale
5-10 Bund Kräuter (Menge je nach Lachsgröße variieren - am besten: Frühlingszwiebeln, Schnittlauch, Basilikum, Rosmarin, Petersilie, junge Brennesseln)
Pfeffer
Salz
Olivenöl

Idealerweise erwirbt man den Lachs erst kurz bevor man ihn zubereiten will und lässt sich Eis für den Transport geben. Am besten gelingt das Rezept mit einem (oder mehreren) eher kleinen Lachs, bis 2 kg, bei größeren Tieren wird es schwieriger, ihn innen ganz durchgegart zu bekommen, was bei einem sehr frischen Lachs und einer ununterbrochenen Kühlkette aber nicht problematisch werden sollte. Allerdings steigt mit der Größe des Lachses auch die Unhandlichkeit während der Vorbereitung.

Zuerst wäscht man die Kräuter und hackt sie fein. Die Frühlingszwiebeln schneidet man in feine Scheibchen, ebenso die Zitronen. Alles in eine Schüssel geben und beiseite stellen.

Den Lachs gründlich entschuppen, innen und außen waschen und trocken tupfen. Innen salzen, pfeffern, mit etwas Olivenöl beträufeln, mit den Kräutern und den Zitronenscheiben füllen. Zwei bis drei Lagen Pergament auslegen, Kräuter und Zitronenscheiben darauflegen. Den Lachs auch von außen salzen, pfeffern, mit Öl beträufeln und auf die Schicht Kräuter legen. Mit dem Rest Kräuter und Zitronenscheiben bestreuen und dann vorsichtig komplett mit Pergament umwickeln. Mit Schnur eng umwickeln, so dass das Paket nicht mehr auseinanderfallen kann. Das Pergament von außen mit Wasser befeuchten und den Lachs bei nicht zu hoher Hitze auf den Rost legen – das Pergament soll zwar bräunen, aber darf nicht zu schnell verbrennen.

Den Lachs wenden, so dass beide Seite gegart werden, und nach ca. 1 Stunde vom Feuer nehmen.

Dazu passt körniger Senf oder Senfhollandaise und Reis oder Fladenbrot.

Variationen:
Das Rezept kann auch gut mit anderen Fischen umgesetzt werden, z. B. Forellen, die dann natürlich entsprechend kleinere Päckchen ergeben und zu 4-6 Stück gleichzeitig auf dem Grill liegen können.

* * *

Protein-Eintopf

Benötigt einen Ofen und mehrere Stunden Vorbereitungszeit. Lässt sich gut vorbereiten und wieder aufwärmen.

2 1/2 bis 3 kg Ochsenschwanz, zerteilt
6 cm frischer Ingwer, in Scheiben
2 Sternanis, 1 Flasche Rotwein, trocken
350 ml Wasser, 5 Esslöffel Sojasauce
2 Teelöffel brauner Zucker, 2 Esslöffel Tomatenmark

Ochsenschwanzstücke mit allen anderen Zutaten in einen großen Topf bzw. Bräter geben. Auf dem Herd erhitzen, dann in den 180 Grad C heißen Ofen schieben. 4 Stunden kochen lassen, dabei einmal stündlich umrühren. Anschließend noch einmal abschmecken,

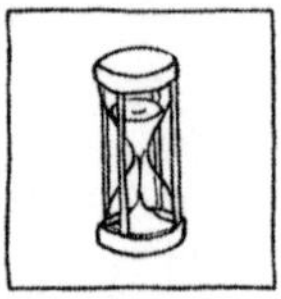

Das Ergebnis ist ein zartes Fleisch in einer kräftigen Sauce, das sich mit Stäbchen oder anderem Esswerkzeug vom Knochen lösen lässt. Dazu passt Reis.

* * *

Pueblo Lamb Stew - Lammeintopf aus dem Südwesten

In den kargen Wüstengegenden des amerikanischen Südwestens haben sich Ziegen und Schafe ebenso ihren Platz erobert wie Cowboys mit hispanischen und Indio-Wurzeln. Deren Küchentraditionen haben sich schon bald zu einem leckeren Lagerfeuerstew vereint.

Für 4 hungrige Viehtreiber ist eine Pfanne dieses Gerichtes gerade richtig. Es braucht aber seine Zeit, um richtig durchzuschmoren, etwa 3 Stunden.

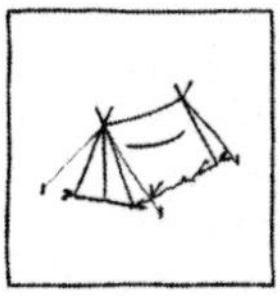
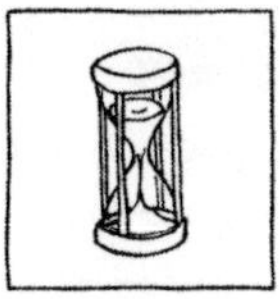

1 kg Lammgulasch, Stücke aus Keule oder Schulter
2 Esslöffel Öl, Schmalz, ausgelassenes Lammfett oder zerlassener Speck
2 große grüne Paprikaschoten
2-4 große, scharfe grüne Peperoni
1 große Zwiebel
3 Knoblauchzehen
15 Wacholderbeeren
2 Teelöffel Oregano, am besten mexikanischen
4 große Kartoffeln
1 Teelöffel Salz
Koriandergrün nach Geschmack

Das Fleisch von allen Sehnen befreien, eventuelle Fettreste entfernen, wenn nicht schon geschehen, und in 2-cm-Würfel schneiden. Das Gemüse putzen, die Chilis entkernen, die Zwiebel schälen und hacken. Das Öl in einem großen Topf oder einem Dutch Oven auf mittlerer Flamme erhitzen, Zwiebel und Paprika zugeben und dünsten, bis die Zwiebeln glasig werden. Die Wacholderbeeren zerdrücken, mit den Peperoni in den Topf geben und den Knoblauch dazupressen. Noch ein paar Minuten dünsten lassen. Das Lammfleisch portionsweise zugeben, die Hitze etwas verstärken und das Fleisch anbraten.

Wenn alles angebraten ist, den Oregano darüberstreuen. Den Topf verschließen und auf kleiner Flamme oder in der Glut des Lagerfeuers 2 bis 2 1/2 Stunden köcheln lassen, bis das Lammfleisch zart ist. Die Kartoffeln schälen und in Stücke schneiden, zugeben und weitere 20-30 Minuten kochen lassen. Falls nötig, noch einen Schuss Wasser zugeben. Mit Salz abschmecken. Wenn gewünscht, mit Koriandergrün bestreuen.

* * *

Rabbithorns

Rabbithorns sind – wie der Name schon suggeriert – kaninchenähnliche Tiere, die als Fleisch- und Fell-Lieferanten auf Darkover dienen.

Beliebt sind sie vor allem in einer Vielzahl von Eintopfgerichten sowie mit Kräutern und Wein aus dem Schmortopf. Erdlinge und Bewohner anderer fantastischer Regionen können dieses Gericht natürlich mit einheimischem Getier wie Kaninchen zubereiten.

Geschmortes Rabbithorn - Kaninchen in Wein

1 Kaninchen, einige Schinken- oder Speckscheiben
Bratfett, Knoblauch
1 Bund Petersilie, 2 Lorbeerblätter
1-2 Esslöffel Mehl
1 Prise Safran oder Kurkuma
2 Becher Weißwein
Salz und Pfeffer

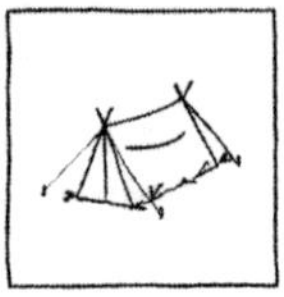

Ein in Stücke zerteiltes Rabbithorn (oder 4 Kaninchenkeulen) wird mit einigen Scheiben Speck oder Schinken *und* etwas Bratfett in einen Schmortopf über dem Feuer oder auf dem Kaminofen gegeben. Langsam darin anbräunen. Dann reichlich gehackten Knoblauch, ein Büschel gehackte Petersilie oder gemischte Kräuter, die Gewürzstrauchblätter (oder Lorbeerblätter), das Mehl und nach Verfügbarkeit eine Prise Safran oder Kurkuma dazugeben, umrühren. Wenn das Mehl gebräunt ist, mit zwei Bechern Weißwein ablöschen und 45 Minuten schmoren lassen. Mit Pfeffer und Salz nachwürzen und auf den Tisch bringen.

Reisende tragen nicht selten ein Döschen mit (gefrier-)getrockneter Petersilie oder Kräutermischung bei sich, um auch unterwegs ein erlegtes Rabbithorn schmackhaft würzen zu können.

* * *

SAUERKRAUTKÜCHLEIN

500 g Sauerkraut (frisches), 100 g Mehl (in etwa)
Salz und Pfeffer, 1 Ei, 1 Esslöffel Sahne (oder Kondensmilch)
fein geschnittene Schinkenreste, Streifchen von geräuchertem Speck oder ähnliches (gut schmeckt z. B. Schwarzwälder Schinken) Bratfett

Das Sauerkraut ausdrücken, etwas salzen (wenig) und pfeffern. Die übrigen Zutaten bis auf das Fett zugeben und gut vermengen. In der Hand kleine Küchlein formen und diese im heißen Fett knusprig braun braten.

* * *

SCHWEINEBAUCH MIT GRÜNEM PFEFFER

Ein geschmacklich wie optisch eher exotisches Gericht, das auf jeder Alienspeisekarte auftauchen könnte. Die Zutaten sollte man größtenteils in Asiamärkten bekommen.

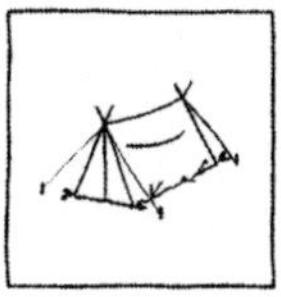

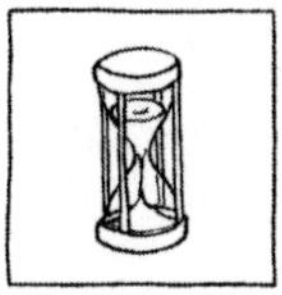

Für 4 Portionen

350 g durchwachsener Schweinebauch, frisch
2 Esslöffel Öl
1/4 Liter Kokossahne (aus Dose, Tetra Pak oder Pulver)
1 Esslöffel rote (Thai-)Currypaste
1 kleine Zwiebel, 1 Zehe Knoblauch
2 scharfe rote Chilischoten, 2 Esslöffel (Thai-)Fischsauce
2 Esslöffel grüne Pfefferkörner, frisch; notfalls in Lake
Zucker

Den Schweinebauch schon beim Metzger in dünne Scheiben (1/2 cm dick) schneiden lassen. Beim Kochen in zwei Finger breite Streifen zerteilen.

Im Wok oder einem großen Schmortopf /Pfanne das Öl erhitzen und das Fleisch darin sanft anbraten, es darf ruhig Farbe annehmen. Die Kokossahne (Kokosmilch) zugießen und das Fleisch 1 Stunde kochen lassen. Currypaste mit Zwiebel, Knoblauch und Chilis im Mörser oder unter Zugabe der Fischsauce im Mixer zerkleinern und zugeben. (Jetzt Fischsauce zugeben, wenn man den Mörser verwendet hat). Weitere 30 Minuten köcheln lassen und am Ende den grünen Pfeffer unterrühren und heiß werden lassen. Dazu passt Reis.

* * *

SCHLAMMHÜPFER

Die Schlammhüpfer sind eine weitere kaninchenähnliche Spezies Darkovers, die, wie der Name schon sagt, eher in den wärmeren Regionen des Planeten gedeihen und sich dort fröhlich vermehren.

So ist ihr Fleisch auch in Schmorgerichten eine willkommene Bereicherung des Speiseplans, wenn sie nicht auf einem Grillspieß landen.

Schlammhüpfer in Sommerwein gegart

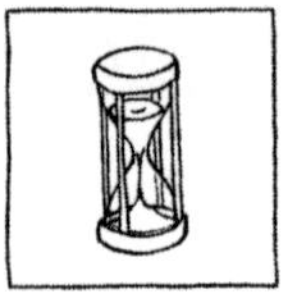

1 Kaninchen oder Schlammhüpfer, zerteilt, ersatzweise 4 Keulen
Bratfett
5 Zehen Knoblauch, 1 Zwiebel
2 Möhren
Salz und Pfeffer
2 Becher Wein, 2 Becher Brühe
Thymian, Rosmarin
1 Gewürzstrauch- oder Lorbeerblatt
2 Tomaten
Nach Wunsch: Oliven oder Kapern

Ein oder zwei Schlammhüpfer werden sorgfältig ausgenommen und enthäutet, in Stücke zerteilt und in einem großen Topf mit ein wenig Speckfett oder Öl angebraten. Kurz herausnehmen, im verbliebenen Fett eine würfelig geschnittene Mischung aus Wildknoblauch, Zwiebel und Möhren anbraten. Nun die Fleischstücke wieder zufügen, mit Salz und Pfeffer würzen. Mit zwei großen Bechern Wein und zwei großen Bechern Brühe aufgießen, ein wenig Thymian, Rosmarin und ein Gewürzstrauch- oder Lorbeerblatt hineinstreuen, umrühren. Die Tomaten grob würfeln, in den Topf geben und alles ein bis zwei Stunden langsam köcheln lassen.

Wer mag, streut zum Schluss eine Handvoll Oliven oder Kapern in das Gericht, entfernt das Gewürzblatt und verlängert, falls nötig, die Sauce mit etwas Wasser.

* * *

Smoked Beans

Ein typisches Westerngericht mit Bohnen, das auf geräucherten Truthahn zurückgreift und in einem großen Topf gekocht wird.

2 Zwiebeln
2 Esslöffel Fett - Speckfett, Öl
2 Kaffeebecher voll Wachtelbohnen
1 Stück geräucherter Truthahn, z. B. geräucherte Putenbrust

1 1/2 Liter Hühnerbrühe
2 Teelöffel Oregano, am besten griechischer oder mexikanischer
5 Teelöffel Louisiana Hot Sauce oder Tabasco

Über Nacht dürfen die Bohnen einweichen. Das Einweichwasser schüttet man weg oder benutzt es, um damit die Instant-Hühnerbrühe anzusetzen. Die Zwiebeln schälen und hacken, das Putenfleisch in Würfelchen (1 cm) schneiden. Das Fett im großen Kessel oder Topf erhitzen und die Zwiebel darin andünsten, dabei die Hälfte vom Oregano zugeben. Wenn die Zwiebelwürfel glasig werden, die Putenstückchen in den Topf geben und kurz mitbraten. Bohnen und restlichen Oregano zufügen, mit der Brühe ablöschen und mit der Chilisauce würzen. 1-2 Stunden auf kleiner Flamme köcheln lassen. Nach Wunsch mit Chilisauce abschmecken.

* * *

(Butler Mason's) Sonntagsfisch

Für 3-4 Portionen

ca. 750 g Kabeljaufilet, Salz, Pfeffer
250-300 g geriebener Käse (aromatische Sorten wie Parmesan oder reifer Cheddar)
150-200g Butter
Soße:
1/2 Tasse Weizenmehl, 1/4 Tasse Butter
1/2 l Milch, 100 g geriebener Käse
Salz und Pfeffer
Scones:
2 Tassen Weizenmehl, 1 Esslöffel Backpulver
1/4 Tasse Butter, 1-2 Teelöffel Salz
1 Eigelb, etwas Milch, 50 g geriebener Käse

Den Kabeljau waschen, trocken tupfen und von beiden Seiten salzen und pfeffern. Den Boden einer runden Auflaufform mit den Filets auslegen. Die Butter schmelzen. Die Hälfte der Butter mit der Milch, dem Mehl und dem geriebenen Käse verrühren. Vorsichtig mit Salz und Pfeffer abschmecken. (Je würziger der Käse ist, um so weniger Salz muss zugegeben werden.) Die Soße über den Fisch gießen,

Das Weizenmehl für die Scones gut mit dem Backpulver, dem Käse und dem Salz vermischen. In einer anderen Schüssel den Rest der Butter, das Eigelb und einen Schluck Milch verrühren. Die flüssige Menge in die Mehlmischung geben und kurz und zügig miteinander verrühren. (Wenn der Teig zu trocken wirkt, noch etwas Milch zugeben.)

Einen Teigball formen und auf ein bemehltes Brett legen. Einen knappen Zentimeter dick ausrollen und mit einem Glas oder einer runden Form Scones ausstechen. Die Scones auf dem Fisch verteilen, mit dem restlichen Käse betreuen und in den auf 250 Grad vorgeheizten Ofen schieben.

Nach knapp einer halben Stunde aus dem Ofen nehmen, wenn die Scones goldbraun geworden sind.

* * *

Stockfisch - Steckerlfisch

Forellen frisch oder tiefgekühlt, pro Person und Größe 1-2 Stück
Zitronen, Salz, Pfeffer
Stöcke (kein Nadelholz!)

Die Forellen bei Bedarf auftauen lassen und gut waschen. Innen und außen salzen und pfeffern und mit Zitronenscheiben füllen. Den Stock durchs Maul in Schwanzrichtung stecken und über der Glut garen lassen.

Dazu passt Stockbrot.

* * *

TRADITIONELLES BOHNENGERICHT

Bohnen, die mit eingepökeltem Fleisch auf einem Feuerchen schmurgelten (Baked Beans) sind sozusagen **das** Gericht des Wilden Westens. Seit den frühen Pionierzeiten sind sie von der Speisekarte nicht wegzudenken – für ein Beutelchen Bohnen und einen Streifen Speck war im Gepäck immer noch irgendwo Platz.

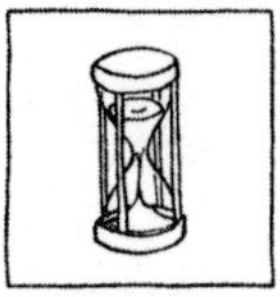

1 Pfund Bohnen, weiße oder Wachtelbohnen (Pinto Beans)
200 g durchwachsener Speck
1 Zwiebel
1 Esslöffel Senfpulver, z. B. Colmans
3 Esslöffel Honig oder Melasse oder Rübensirup
Salz und Pfeffer
Wasser

Die Bohnen werden in Wasser eingeweicht und 2 Stunden geköchelt, oder sie dürfen über Nacht im erkaltenden Lagerfeuer in einem Topf langsam vor sich hin garen.

Am Tag der Zubereitung würfelt man den durchwachsenen Speck, brät ihn in einer Pfanne an, gibt die gehackte Zwiebel dazu. lässt sie kurz mitschmoren und rührt dann die Bohnen unter.

1 Esslöffel Senfpulver und 3 Esslöffel Honig oder Melasse, etwas Salz und Pfeffer und ein Kaffeebecher voll Wasser runden das Ganze ab. Umrühren und auf kleiner Flamme gute zwei Stunden köcheln lassen, dabei ab und zu umrühren. Am Ende mit Pfeffer abschmecken. Dazu ein paar Tortillas, und ein stärkendes Mahl für 4-6 Trapper ist komplett.

Wer hat, kann auch eine getrocknete Chilischote zugeben. Mit frischem (oder getrocknetem) Koriandergrün (oder Petersilie) überstreut schmecken diese geschmorten Baked Beans nochmal so gut.

* * *

* * *

Waldläufers Pilzgemüse

5 Esslöffel Öl, am besten schmeckt Olivenöl
500 g kleine Champignons oder gemischte Waldpilze in Stückchen
2 Stangen Lauch (Porree), gut gewaschen
5 Zweiglein Thymian oder eine reichliche Prise getrockneter Thymian
1 Esslöffel abgeriebene Zitronenschale
1 Esslöffel Zitronensaft
100 ml Brühe
200 ml Sahne
Salz, Pfeffer, Zucker
frische Kräuter, gehackt

In einem großen Topf oder einer Pfanne erhitzt man das Öl und brät die Pilze darin an. Den Lauch sollte man beim Waschen längs halbieren, schauen, dass auch wirklich der letzte Sand raus ist, und dann in feine Streifen schneiden, die man zu den Pilzen gibt und 2 Minuten mitbrät.

Die Kräuterblättchen und die Zitronenschale in den Topf geben, umrühren, Brühe und Sahne angießen und offen kurz aufkochen lassen. Mit Salz, Pfeffer, Zucker und Zitronensaft würzen und etwas einkochen lassen. Zum Schluss mit den gehackten Kräutern überstreuen.

Das Pilzgemüse schmeckt zu Nudeln, Brot, Reis oder ganzen gegarten Getreidekörnern hervorragend, damit werden dann 4 Waldläufer satt. Lässt sich auch gut für eine größere Gruppe machen.

* * *

WEIN-KÄSE SUPPE

Ein wenig Wein, ein wenig Rahm und ein Kanten Käse. Auch so bekommt man Krieger satt...

1 große Zwiebel oder 2-3 kleine
250 g mittelalter Gouda, etwas Öl
2 Esslöffel Mehl, 1 Teelöffel Kurkuma
300 ml Weißwein, 500 ml Gemüsebrühe
200 ml Schlagsahne
Salz & Pfeffer

Die angegebene Menge reicht für etwa 4 zarte Elfen oder 2-3 stämmige Krieger.

Die Zwiebeln fein würfeln und den Käse bis auf einen kleinen Rest reiben oder möglichst fein schneiden. Etwas Öl im Topf erhitzen, Zwiebeln, Kurkuma und Mehl hinzufügen und kurz andünsten, mit dem Wein und der Brühe ablöschen. Die Sahne hinzufügen und einige Minuten kräftig aufkochen lassen. Den Käse zugeben und mit einem Rührbesen rühren, bis er sich ganz aufgelöst hat. Mit Salz und Pfeffer abschmecken.

<u>Variation:</u>
Falls kein Wein zur Hand ist, kann dieser durch Bier ersetzt werden.

<u>Für den Lager-Gourmet:</u>
Zwei bis drei Brotscheiben (hell oder dunkel, zum Beispiel Darkovanisches Nussbrot) von der Rinde befreien und in Würfel schneiden. Eine Knoblauchzehe in feine Würfel schneiden. Etwas Öl in einer Pfanne geben und den Knoblauch und die Brotwürfel darin anrösten. Aus der Pfanne nehmen und auf einem sauberen, saugfähigen Tuch abtropfen lassen.

Schnittlauch oder Bärlauch waschen und fein schneiden. Die Suppe in Schalen anrichten, mit den Croutons und den Kräutern dekorieren. Vom Käserest feine Streifen abschneiden und darüber streuen. Heiß servieren.

* * *

Wurstgulasch

Schnell über dem Lagerfeuer geschmort ist dieses Gericht, von dem zwei Elfen oder ein hungriger Recke satt werden.

50 g Speck- oder Schinkenwürfel
2 Zwiebeln
1/2 Ring Fleischwurst oder Krakauer
2 Paprikaschoten, 3 Tomaten
2 Esslöffel Paprikapulver
200 g Schmand oder anderer Sauerrahm

Speck, Zwiebeln, Wurst und Paprika würfeln. Speck mit Zwiebeln anbraten. Wurst dazugeben und unter häufigem Wenden bräunen. Paprikapulver und geviertelte Tomaten dazugeben, möglichst zugedeckt bei mäßiger Hitze 10 Minuten garen lassen. Die Paprikaschoten dazugeben, weitere 5 Minuten schmoren. Sauren Rahm unterrühren.

* * *

Zanzarelli

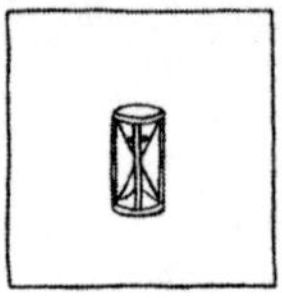

2 Liter Gemüsebrühe oder Hühnerbrühe
8 Eier
200 g frischer, geriebener Parmesan
80 g geriebenes oder trockenes Brot oder Paniermehl
Safranfäden (oder Pulver)
Gewürzmischung des Mittelalters - separates Rezept

Die Menge reicht für 3-8 *Personen*, je nachdem ob es als Hauptgericht oder Vorspeise serviert wird.

Die Brühe zum Kochen bringen und den Safran hineingeben. Den geriebenen Käse, das Paniermehl und die mit einer Gabel leicht zerklopften Eier vermengen. Der Teig sollte noch recht flüssig sein. Die Masse zur Brühe geben und mit dem Schneebesen verrühren. Suppe aufkochen lassen, bis die Masse körnig wird. Abschmecken und großzügig mit der Gewürzmischung bestreuen.

Für Lager-Gourmets:
Statt Fertigbrühe verwendet man echtes Suppenhuhn und Suppengemüse. Dies gibt man in etwa 3 Liter Wasser und lässt es eine bis eineinhalb Stunden kochen. Das ausgekochte Fleisch und das Gemüse aus der Bouillon nehmen und wie oben weiter verfahren. Bitte daran denken, dass das Gericht so nicht mehr für Vegetarier taugt.

Warnung: Diese Variante nur zubereiten, wenn entweder eine Kühlmöglichkeit besteht, oder gleich am ersten Tag nach der Anreise. Auch die Eier möglichst kühl lagern. Salmonellengefahr!

* * *

ZIGEUNERGULASCH

Für eine Gruppe von 6-8 Wanderern eignet sich das Zigeunergulasch, das am Besten in einem großen feuerfesten Topf mit Deckel zubereitet wird.

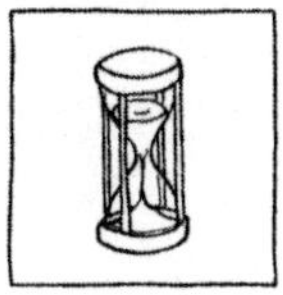

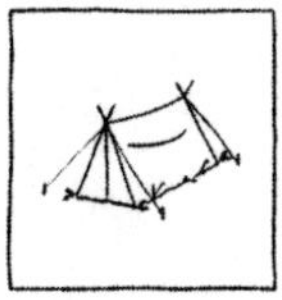

1 Pfund Zwiebeln, 3 Pfund Rindsgulasch
Fett (Gänseschmalz oder Öl), Salz und Pfeffer
2 Teelöffel Kümmelpulver, 2 Esslöffel Paprika edelsüß
3 Teelöffel Paprika rosenscharf, 2 getrocknete scharfe Chilischoten
250 ml kräftiger, fruchtiger Rotwein, etwa 1 Liter Fleischbrühe
200 ml Schlagsahne (oder extra Brühe, aber Sahne schmeckt besser)
3 Pfund Kartoffeln, 2 Teelöffel getrockneter Majoran
1 Zitrone, unbehandelt, 1 Bund glatte Petersilie

Die Zwiebeln pellen und würfeln. Das Fleisch im heißen Fett im Topf rundherum braun anbraten. Die Zwiebelwürfel zugeben und andünsten. Mit Salz, Pfeffer, Kümmel, süßem und scharfem Paprikapulver würzen.
Den Rotwein zugießen und 5 Min. einkochen. Brühe, Chilischoten und Sahne zugeben und zugedeckt 15 Minuten schmoren.

Die Kartoffeln schälen, waschen und in dünne Scheiben schneiden. Mit dem Gulasch vermengen, mit dem Majoran würzen und zugedeckt in der Glut des Lagerfeuers etwa 2 Stunden schmoren. Nach einer Stunde mal schauen, ob genug Flüssigkeit drin ist. Die Zitronenschale grob abreiben. Die Petersilie grob hacken. Das Gulasch damit bestreuen und verspeisen.

WENN'S SCHNELL GEHEN MUSS: FERTIG GEMISCHTES

Curryreis
Gelber Reis
Parmesan-Suppe mit Reisflocken
Süßer Hirsebrei
Thunfisch-Nudeltopf

* * *

CURRYREIS

Ideal für Schlachten-Cons

4 Tassen Reis
2 Esslöffel Curry-Pulver
4 Esslöffel gefriergetrocknete, gehackte Zwiebeln
1/2 Esslöffel Zucker
1 Esslöffel Gemüsebrühe
1-2 Teelöffel Salz
1-2 Teelöffel gefriergetrockneter, gehackter Knoblauch
1 Teelöffel Kurkuma-Pulver

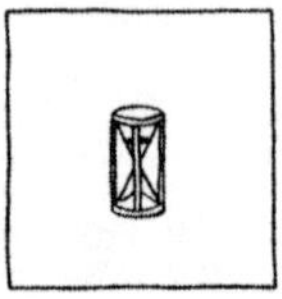

Vorbereitung:
Zu Hause alle Zutaten trocken(!) in ein gut schließendes Gefäß geben – z. B. Einmachglas mit Bügel und Gummi – und gut miteinander vermischen. An einem kühlen, lichtgeschützten Ort ist die Mischung bis zu 6 Monaten haltbar, man kann sie also im Frühjahr vor den ersten LARPs vorbereiten und nimmt sie – wenn es los geht – nur noch aus dem Schrank.

Die angegebene Menge reicht für 4-6 Personen.

Nicht-Vegetarier können natürlich auch Hühnerbrühe statt Gemüsebrühe verwenden.

Zubereitung:

Pro Person gibt man 3 Tassen Wasser in einen Topf und bringt dieses zugedeckt zum Kochen. In das kochende Wasser gibt man pro Person eine Tasse des Gemischs und lässt es 30 Minuten köcheln.

Sollte ein Angriff dazwischenkommen, einfach vom Feuer nehmen und an einem sicheren Ort stehen lassen.

Essen, sobald das meiste Wasser vom Reis aufgesogen wurde.

Der Curryreis schmeckt auch noch, wenn er bereits kalt geworden ist. Das Gericht ist vor allem kohlehydratreich, sättigt daher schnell und gibt Kraft für die nächste Schlacht.

* * *

Gelber Reis

Für 2 Portionen

2 Tassen Basmati-Reis (oder anderer, z. B. Thai-Duft-Reis)
2 Teelöffel Kurkuma, 4 Esslöffel Kokosmilch-Pulver
1 Lorbeerblatt, 1 Gewürznelke
2 Gemüsebrühwürfel

Reis, Kurkuma, Kokosmilch-Pulver, Lorbeerblatt und die Gewürznelke zusammen im Bügelglas mischen. Bei der Zubereitung auf eine Tasse Reis knapp 1 1/2 Tasse Wasser und 1 Brühwürfel in den Topf geben und kurz aufkochen lassen. Dann auf mittlerer Hitze ausquellen lassen. Lorbeerblatt und Nelke wieder herausnehmen und in Essschalen füllen.

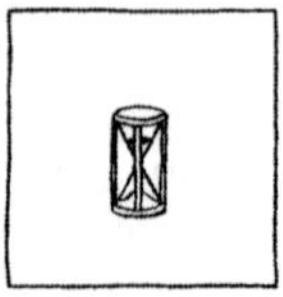

Dazu passen Jerkys.

* * *

Parmesan-Suppe mit Reisflocken

Zutaten vor dem Con mischen.
Für 1-2 Portionen

1 Esslöffel gefriergetrocknete Zwiebeln
1 Teelöffel gefriergetrockneter Knoblauch
1/2 Tasse Reisflocken
3/4 Tasse geriebener und getrockneter Parmesan
3 Esslöffel Magermilchpulver

Zutaten bei der Zubereitung hinzufügen:

1 Brühwürfel
etwa 2 Teelöffel Tomatenmark aus der Tube
Pfeffer
Wasser

Zubereitung:

Zwiebeln, Knoblauch, Reisflocken, Magermilchpulver und Parmesan in ein Bügelglas zusammenmischen. Beim Parmesan darauf achten, dass er wirklich nicht nur gerieben, sondern auch getrocknet ist, sonst wird er zu schnell ranzig. Aber auch bei getrocknetem Parmesan die Zutaten erst direkt vor dem Con zusammenmischen.

½ Liter Wasser mit dem Brühwürfel aufkochen, die Mischung mit einem Schneebesen einrühren und einige Minuten köcheln lassen. Das Tomatenmark unterrühren und mit Pfeffer abschmecken.

* * *

SÜSSER HIRSEBREI

Für ca. 1-1 1/2 Portionen

1 Tasse Hirseflocken (z. B. Alnatura)
4 Esslöffel Magermilchpulver
2 Esslöffel Rohrzucker
1/2 Esslöffel Zimt

Alle Zutaten in ein Bügelglas geben und gut miteinander vermischen. Direkt vor dem Zubereiten nochmal gut durchmischen und dann die gewünschte Menge entnehmen. Mit kochendem Wasser übergießen, so dass die Mischung knapp davon bedeckt ist. Gut durchrühren und genießen

Da Milchpulver geöffnet nur wenige Wochen haltbar ist, mischt man den Hirsebrei am besten erst kurz vor der Veranstaltung.

Variante:
Fürs Endzeit-LARP kann man Lebensmittelfarbe in Pulverform zusetzen. Das sollte beim Aufgießen einen schönen Farbumschlag ergeben.

* * *

* * *

THUNFISCH-NUDELTOPF

für 1 Portion

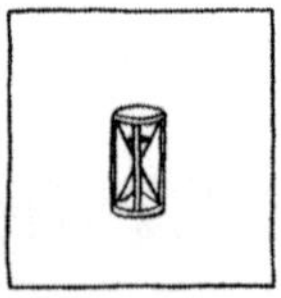

1/2 Tasse Reisnudeln
3 Esslöffel Schalerbsen
3 Esslöffel geriebener und getrockneter Parmesan
1/2 Teelöffel Thymian
1/2 Teelöffel gemahlener Pfeffer
Salz
1 Dose Thunfisch

Vor dem Con in einem Gefäß die Reisnudeln mit den Schalerbsen mischen. In einem (Plastik-)Beutel die restlichen Zutaten mischen.

Bei der Zubereitung 3 Tassen Wasser pro Portion zum Kochen bringen. Die Nudel-Erbsen-Mischung hinzufügen und kochen, bis die Nudeln knapp bissfest sind. Das Kochwasser abgießen und die trockene Mischung einrühren. Etwas Wasser hinzufügen, die Dose Thunfisch abgießen und ebenfalls unterrühren. Ca. 5 Minuten aufkochen lassen und bei Bedarf noch nachsalzen.

Bei diesem Rezept sollte man natürlich darauf achten, OutTime-Gegenstände (Thunfischdose) nicht unnötig ins Blickfeld von Mitspielern zu bringen.

* * *

Nach- und Süßspeisen

Aprikosenkuchen aus der Pfanne
Arme Ritter
Eismelonenkompott
Energieplasma
Mousse au chocolat mit Rum
Schokopudding - zwei Varianten
Zwei Varianten Feigen

* * *

Aprikosenkuchen aus der Pfanne

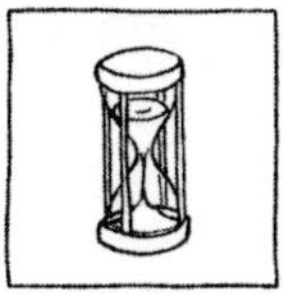

<u>Zutaten vormischen:</u>

1 Tasse Mehl,
1 Tasse Rohrzucker
1 Prise Salz,
1 Prise Zimt

<u>Zutaten vor Ort hinzufügen:</u>

1/2 Tasse Rohrzucker, 2 Esslöffel Magermilchpulver
50g Butter (1/5 einer normalen Butterpackung)
gedörrte, ungeschwefelte Aprikosen

Der Kuchen benötigt insgesamt rund 2 Stunden Zubereitungszeit, daher eignet er sich nicht unbedingt als Frühstück – obwohl das lecker wäre –, es sei denn, ihr seid extreme Frühaufsteher.

Vor dem LARP mischt ihr das Mehl, Zucker, Salz und Zimt in einem Bügelglas zusammen.

Bei der Zubereitung werden zuerst die getrockneten Aprikosen mit kochendem Wasser übergossen und eine Stunde stehen gelassen. Dann wird das Wasser abgegossen und beiseite gestellt. Es kann später aufgekocht und getrunken werden. Das Milchpulver wird mit einer Tasse Wasser aufgerührt und dann mit den vorgemischten Zutaten zu einem glatten Teig verrührt. Derweil wird die Butter in der Pfanne geschmolzen und der Teig hinein gegossen.

Der Teig wird mit den Hälften der Aprikosen belegt, mit 1/2 Tassen Zucker bestreut und bei schwacher Hitze zugedeckt eine Stunde in der Pfanne gebacken. Vorsicht, dass nicht zuviel Kondenswasser in die Pfanne tropft und den Kuchen aufweicht.

Der Kuchen ist fertig, wenn bei einer Teigprobe mit dem Messer kein Teig mehr kleben bleibt.

* * *

Arme Ritter

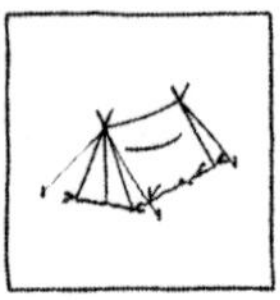

Altbackene Brötchen oder angetrocknete Brotscheiben (schimmelfrei!)
Milch, Zucker und/oder Honig, Zimt
Fett zum Ausbacken (Öl, Butter oder Margarine - Was zur Hand ist)

Ihr habt noch Brötchen von der Anreise übrig oder habt diese ohnehin an einer Raststätte in einer Qualität gekauft, für die man den Bäcker damit erschlagen könnte?
Ihr kocht für alle, habt euch verkalkuliert und sitzt nun auf einem Berg harter Brötchen und angetrockneter Brotscheiben? Dann könnte der Arme Ritter genau das richtige für euch sein.

Wenn ihr eine Reibe habt, reibt ihr die Rinde der Brötchen oder Brotscheiben in eine Schale. Habt ihr keine Reibe zur Hand, könnt ihr die Rinde mit einem scharfen Messer vorsichtig dünn abschneiden und kurz in der Sonne nachtrocknen lassen. Die trockene Rinde gebt ihr in einen Mörser und reibt sie hier zu Semmelbröseln.

Die Semmelbrösel verrührt ihr mit etwas Zucker und Zimt und stellt sie beiseite.

Ihr gebt die Milch in eine Schüssel oder einen Topf und süßt sie leicht mit Honig oder Zucker. Dann legt ihr die von der Rinde befreiten Brötchen oder Brotscheiben darin ein. Nicht zu lange, sonst habt ihr nur noch Brotbrei übrig. Beim Herausnehmen drückt ihr die überschüssige Milch vorsichtig wieder aus den Armen Rittern heraus und wälzt sie dann in der Semmelbröselmischung, so dass sie schön gleichmäßig davon umgeben sind.

In der Zwischenzeit habt ihr Öl, Margarine oder Butter in der Pfanne über dem Feuer heiß werden lassen, gebt dort die Armen Ritter hinein und lasst sie rundherum goldbraun ausbacken.

Lecker dazu sind gebratene oder gedünstete Birnen und Äpfel.

* * *

EISMELONENKOMPOTT

Die Eismelone ist ein Kürbisgewächs, das in den kurzen Sommern Darkovers erstaunlich süße Früchte hervorbringt. Sie wird gern als Süßspeise zubereitet.

1 Galiamelone (Cantaloupe- oder Netzmelone)
100 g Zucker
150 ml Wasser
1 Esslöffel Zitronensaft
4 Esslöffel Firi (oder Brandy/Cognac)

Zucker und Wasser in einem Topf erwärmen, bis ein dünnflüssiger Sirup entsteht.

Fruchtfleisch der Melone in Stückchen oder Bällchen, Firi und Zitronensaft zugeben, zum Kochen bringen. Zwei Minuten köcheln lassen. Auf 4 Schalen verteilen, kalt stellen.

* * *

ENERGIEPLASMA

Ein echter Ambiente-Hit! Muss vorbereitet werden.

Ihr benötigt zusätzlich zur Kochausrüstung noch eine ungewöhnlich geformte Vase oder eine konische Form von ca. 2 bis 2,5 l Volumen.

1. Mit Alkohol

ca. 400 ml Blue Curaçao
gemahlene Gelatine für 2,5 l (normalerweise 5 Päckchen)
1 Tasse Zucker
kaltes Wasser

Die Gelatine mit etwas kaltem Wasser mindestens 10 Minuten lang quellen lassen. Zucker und Blue Curaçao unterrühren und mit dem Wasser bis auf ca. 2,5 l aufgießen In eine Form gießen aus der später gestürzt werden kann oder die entsprechend dekorativ auf dem Tisch wirkt.

Mehrere Stunden kalt stellen und vor dem Stürzen die Form kurz in heißes Wasser tauchen.

2. Ohne Alkohol / Vegetarisch

4 Beutel Agartine
ca. 300 ml Holunderblütensirup
heißes Wasser
blaue Lebensmittelfarbe (Pulver)

Die Agartine 2 Minuten mit etwas Wasser aufkochen, in die Schüssel geben, Sirup unter beständigem Rühren hinzufügen und mit dem heißen Wasser bis auf 2 Liter aufgießen Vorsichtig die blaue Lebensmittelfarbe bis zum gewünschten Ton unterrühren. In eine Form gießen, aus der später gestürzt werden kann oder die entsprechend dekorativ auf dem Tisch wirkt.

Mehrere Stunden kalt stellen und vor dem Stürzen die Form kurz in heißes Wasser tauchen.

* * *

Mousse au chocolat mit Rum

250 g Bitterschokolade
3 Eier
50 g Zucker
10 g Vanillezucker (1 Beutel Bourbon-Vanillezucker)
3 Esslöffel dunkler Rum (Variante: Orangenlikör)
250 g Schlagsahne

Die Schokolade im Wasserbad schmelzen, dann den Rum einrühren. Eier und Zucker in einer anderen Schüssel schaumig aufschlagen. Schokolade zugeben und mit einem Gummispatel vorsichtig unterziehen.

Die Sahne halb steif schlagen und unter die Schokomasse ziehen, bis sich alles gut vermischt hat. In 6 Wein- oder Dessertgläser füllen, mindestens zwei Stunden in den Kühlschrank stellen.

Hinweise: Das Rezept enthält rohes Ei. Die Eier sollten ganz frisch sein, und Kühlung (und Verzehr am selben Tag) sind unerlässlich!

* * *

Schokopudding - zwei Varianten

Ein Pudding zum Dessert... wer würde da Nein sagen?

1. Schokoladenpudding - einfach

Natürlich kann man auch einfach die Tüte aufmachen, aber warum nicht mal selbst mischen?

Für 4 Portionen

75 g Rohrzucker, 3 Esslöffel Maisstärke (Maizena) oder anderes Stärkepulver, 1 Messerspitze Salz, 70 g ungesüßtes Kakaopulver , 1/2 Liter Milch, 1 Prise Zimt

In einem Topf Zucker mit Stärke, Salz und Kakao mischen. Die Milch einrühren und mit dem Schneebesen gut durchrühren.

Den Topf auf die Herdplatte stellen und bei mittlerer Hitze unter ständigem Rühren aufkochen lassen. Achtung, das hängt schnell an!

Den Pudding vom Herd nehmen, mit Zimt abschmecken und in eine kalt ausgespülte Schüssel füllen.

2. Festlicher Schokoladenpudding

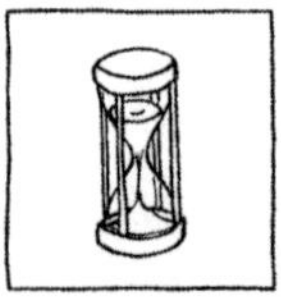

125 g Zucker, 3 Esslöffel ungesüßtes Kakaopulver
2 1/2 Esslöffel Maisstärke (Maizena) oder anderes Stärkepulver
1 Prise Salz, 1 Ei, 2 Eigelb, 1/2 Liter Milch
100 g Halbbitter-Schokolade, gehackt
2 Esslöffel Butter, 1 Teelöffel Instant Espresso-Kaffeepulver
1/2 Teelöffel flüssiger Vanilleextrakt oder 2-3 Tropfen Vanillearoma
Sahne, nach Belieben geschlagen, zum Servieren

Dieses Rezept ist sehr reichhaltig und sättigend und reicht als Dessert für 6 Portionen.

Zucker, Kakaopulver, Stärkemehl und Salz gut in einer Schüssel miteinander vermischen. Das Ei und die Eigelbe in einer kleinen Schüssel verquirlen, zur Zuckermischung geben und alles zu einer glatten Masse verrühren. Beiseite stellen. Nun die Milch in einem Topf aufkochen lassen; sofort vom Herd ziehen und die Hälfte der Milch zur Eiermischung geben, dabei gründlich rühren, bis eine glatte Masse entsteht. Diese langsam zurück in den Topf mit der restlichen Milch gießen und glattrühren.

Die Puddingmischung unter gleichmäßigem Rühren bei schwacher Hitze 5-7 Minuten kochen, bis sie eindickt und große Blasen wirft. Den Topf vom Herd nehmen, gehackte Halbbitter-Schokolade, Butter, Instantkaffee und Vanille zufügen und glattrühren. Den Pudding in elegante Dessertschalen oder in eine große, dekorative Schüssel füllen und auf Zimmertemperatur abkühlen lassen. Mit Frischhaltefolie abdecken und im Kühlschrank oder an einem kalten Ort vollständig auskühlen lassen. Mit Sahne servieren.

* * *

Zwei Varianten Feigen

1. Feigenpudding

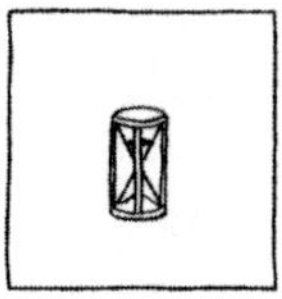

120 g geriebene Mandeln
1-2 Tassen Wasser, Wein oder Madeira
1 Tasse gedörrte Feigen
1 Tasse Rosinen
2 Esslöffel heller Honig
1/2 Teelöffel gemahlener Ingwer
1/4 Teelöffel Salz

Mandeln unter langsamer Zugabe der Flüssigkeit auf mittlerer Hitze zu einer Paste rühren und dann auf niedriger Flamme quellen lassen. Feigen achteln und die Stengel entfernen. Feigen, Rosinen, Honig und die Gewürze in den Topf geben und aufkochen. Weiter quellen lassen, bis die Masse eingedickt ist. Noch warm servieren.

2. Gedörrte Feigen in Rotwein

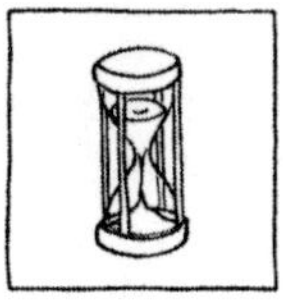

250 g getrocknete Feigen
1/2 l herber Rotwein
1 Zimtstange
1 kräftiger Schuss Cognac
1/2 Teelöffel Nelken

Feigen über Nacht im Rotwein aufweichen lassen. Am nächsten Tag zusammen aufkochen, Gewürze zugeben und 1/2 Stunde durchziehen lassen. Mit Cognac abschmecken.

Zum Aufbewahren evtl. in Bügelverschlussgläser füllen und bei 80 °C 1/2 Stunde einkochen.

* * *

Getränke

Beerenblättertee
Campfire Coffee
Heißer gewürzter Apfelsaft
Hypocras
Ingwerlimonade
Jaco
Limonade
Tee aus der Zwergenschmiede

* * *

Beerenblättertee

1 Teil Himbeerblätter, frisch
2 Teile Brombeerblätter, frisch

Frische junge Himbeerblätter und die doppelte Menge ebenfalls frischer Brombeerblätter sammeln und mischen. Danach sollen sie etwas welken, damit man sie leicht zerdrücken kann (z. B. mit einem Rollholz). Mit wenig Wasser bespritzt knotet man dann die Blätter in ein Leinentuch, das an einem warmen Ort aufgehängt wird. Durch einen Fermentationsprozess entwickelt sich nach 2 bis 3 Tagen ein zarter Blütenduft. Nun wird schnell getrocknet, zum Beispiel im auf 70 Grad erwärmten Backofen oder Dörrapparat (sonst bildet sich Schimmel!). Anschließend in ein gut schließendes Gefäß füllen.

Von der Mischung 1 Löffel pro Tasse überbrühen und 5-10 Minuten ziehen lassen.

* * *

Campfire Coffee

Für die meisten von uns ist ein Tagesbeginn ohne Kaffee nicht vorstellbar. Aber da man im Rollenspiel nicht einfach den Schalter der Kaffeemaschine umlegen kann, muss das belebende Gebräu anders zubereitet werden – und der Löffel Instantkaffee im heißen Wasser ist zwar bequem, aber doch (außer für SciFi- und Endzeitspieler) nicht gerade ambientig.

Für alle, die es stilecht wollen, haben wir euch hier 3 Varianten echten Wildwest-Kaffee anzubieten.

Kaffee wurde im amerikanischen Westen stets als grüne Bohnen (da länger haltbar) transportiert und im Camp in der Pfanne geröstet und dann mit einer Handmühle o. ä. vermahlen.

Oft wurden auch andere Zutaten zugegeben, wie gerösteter Buchweizen, Eicheln, Erbsen, oder auch getrocknete Süßkartoffelstücke. Das diente zum einen dazu, den teuren Kaffee zu strecken, zum anderen halfen diese Zusatzstoffe dabei, dass sich der Kaffeesatz auch wirklich absetzte. Weit verbreitet waren – da billig und verfügbar – z. B. getrocknete Erbsen als Zusatz.

Variante 1

2 Liter Wasser
2 Handvoll gemahlener Kaffee
etwas kaltes Wasser

Das Wasser zum Kochen bringen, dann vom Feuer nehmen und 2 Handvoll (fein) gemahlenen Kaffee zugeben. (Die Mengenangabe ist je nach Handgröße doch sehr schwankend, entsprechend stark variiert das Ergebnis). 4 Minuten ziehen lassen, dann ein paar Esslöffel kaltes Wasser zugeben, damit sich das Kaffeepulver absetzt.

In Anbetracht der Menge ein guter Ansatz für eine größere Gruppe.

Variante 2

6 Teelöffel gemahlener Kaffee
1,2 Liter Wasser
1 Schuss Kaltes Wasser

Das Kaffeepulver in den Topf geben, dann das kalte Wasser darauf gießen. Auf dem Feuer zum Kochen bringen, dann beiseite nehmen und 3 Minuten ziehen lassen. Auch hier dient ein Schuss kaltes Wasser der Trennung von Kaffee und Kaffeesatz.

Ergibt etwa 6 Becher Kaffee.

Variante 3

2 Esslöffel grob gemahlener Kaffee pro Tasse
250 ml Wasser pro Tasse
kaltes Wasser

Hier ist etwas grober gemahlenes Kaffeepulver gefragt. Die Mengenangaben sind pro Becher zu verstehen. Kaffeepulver und Wasser in einen Topf geben und auf heißen Kohlen (keine offene Flamme) langsam zum Köcheln bringen. Wenn das Ganze kocht, von der Feuerstelle nehmen und 5 Minuten ziehen lassen. Auch hier mit kaltem Wasser den Kaffeesatz abbinden und dann den Kaffee servieren.

Süßen: Wer gern Zucker in seinen Kaffee mag, sollte erwägen, sich eine Scheibe Palmzucker im Asienladen zu besorgen und sich davon Brocken abzuschlagen und in den Kaffee zu tun. Schmeckt gut und entspricht optisch und geschmacklich der Version, in der (Rohr-)Zucker – wenn überhaupt – im Westen verfügbar war.

***

* * *

Heißer gewürzter Apfelsaft

Eine alkoholfreie Alternative zu heißem Met bietet dieses überaus leckere Getränk.

2 Liter Apfelsaft
2-3 Äpfel
1-2 Esslöffel Rohrzucker
1-2 Teelöffel Zimtpulver
1 Zimtstange

Den Apfelsaft mit der Zimtstange langsam erwärmen. Die Äpfel vom Kerngehäuse befreien, schälen und in feine Würfel schneiden. Apfelstücke in einer Pfanne mit dem Rohrzucker und dem Zimt überstreuen, dann – ohne Fett – leicht anbraten bis der Zucker karamellisiert, aber noch nicht dunkel wird. Apfelstücke in den heißen Apfelsaft geben, gut verrühren und sofort servieren.

* * *

Hypocras

Menge ausreichend für 5-8 Gläser

2 Flaschen billiger Rotwein
3-4 Zimtstangen
8-10 ganze Nelken
ca. 1 Teelöffel Ingwer, Pulver
ca. 1/2 Teelöffel Pfeffer, gemahlen
ca. 1/2 Teelöffel Kardamom, gemahlen
1/2 - 1 Tasse Rohrzucker oder Honig

Hypocras scheint wie geschaffen für Wohngemeinschaften mit einem hohen Grad der Pizzaservice-Versorgung und einem nicht schwindenden Vorrat an kostenlosem Bonus-Lambrusco. Dennoch handelt es sich bei Hypocras um ein sehr beliebtes Getränk des Mittelalters, das vor allem im französischen Raum verbreitet war.

Den Wein in einen Kessel geben, die Zimtstangen hinein brechen und die Nelken ganz hinzufügen. Alle anderen Gewürze gemahlen oder gemörsert hineinrühren. Den Wein erwärmen, aber nicht kochen lassen. Dann durch ein feines Sieb, einen Kaffeefilter oder ein feinmaschiges Tuch filtern und in Gläser geben.

Nicht übermäßig konsumieren, die LARP-Kampftauglichkeit dürfte schon nach einem Glas kaum noch gegeben sein.

Variante:
Hypocras - schnell und schmutzig.

Statt die Gewürze einzeln mitzunehmen, erwirbt man eine Packung Yogitee (das Original, nicht den in Beuteln und auch nicht eine der anderen erhältlichen Geschmacksrichtungen wie Schoko, Grüntee oder Rooibush) und gibt ein paar Teelöffel davon in den Wein, zusätzlich Zucker oder Honig und bereitet ihn wie oben beschrieben zu.

* * *

INGWERLIMONADE

Andere Bezeichnungen: Ingwerbier, Ginger Ale.

1 großes Stück Ingwer
1 Liter Wasser
5 Gewürznelken
1 Stück Zimtstange
einige Tropfen Vanilleessenz - optional
100 g Zucker

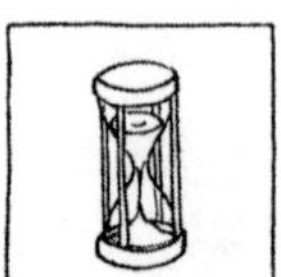

Den Ingwer mit einer Reibe fein raspeln, mit den übrigen Zutaten in ein passendes Gefäß geben und umrühren, bis sich der Zucker aufgelöst hat. Einen Tag kalt stellen (am besten in den Kühlschrank). In einen sauberen Krug seihen.

Den so entstandenen Ansatz kann man pur trinken oder im Verhältnis 2:1 mit Mineralwasser und einem Spritzer Zitrone verdünnen.

* * *

Jaco

5 gehäufte Esslöffel Instant-Espresso
4 gehäufte Esslöffel Instant-Kakao
1/4 Teelöffel Ingwerpulver
1/2 Teelöffel gemahlene Nelken
1/2 Teelöffel Piment
1 Teelöffel gemahlener Zimt

Alle Zutaten zusammenmischen und in ein Schraubglas füllen. 2-3 Teelöffel auf eine Tasse geben, mit heißem Wasser aufgießen und nach Geschmack Zucker oder Milch hinzufügen.

* * *

Butler Mason's Limonadenrezept

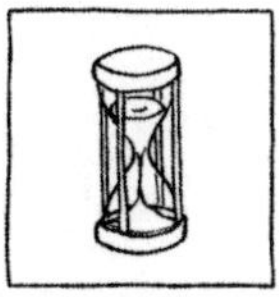

1 große Orange, 2 Zitronen
3-4 Limetten
1 Zweiglein Pfefferminze oder Zitronenmelisse
1 Tasse Rohrzucker
Wasser

Die Orange, 1 Zitrone und 3 Limetten auspressen und ihren Saft in eine 2-Liter-Karaffe geben. Den Zucker mit einer Tasse Wasser aufkochen, so dass eine übersättigte Lösung entsteht, zum Saft gießen und mit Wasser auffüllen. Eine Zitrone und eventuell eine Limette (mit unbehandelten Schalen) in Scheiben schneiden und zusammen mit dem Kräuterzweig zur Limonade geben. Verschlossen an einem kühlen Ort durchziehen lassen und der Herrschaft an heißen Tagen servieren.

Gerät die Limonade zu sauer – zum Beispiel weil die Orange ebenfalls sehr sauer war –, kann man dies mit einer Prise Salz mildern.

Nicht historisch korrekt, aber optisch ansprechend sind Eiswürfel zur Dekoration, in die man je ein Blättchen Pfefferminze oder Zitronenmelisse einfrieren lässt.

* * *

Tee aus der Zwergenschmiede

Ein kräftiges Getränk, das heiß wie kalt mundet.

1 Teelöffel Fenchelsamen oder 1 Beutel Fencheltee
4 Becher Wasser
4 Teelöffel oder 4 Beutel schwarzer Tee
1 unbehandelte Zitrone, abgeschälte Schale
Honig zum Süßen, nach Wunsch

Wasser und Fenchelsamen zusammen aufkochen. Schwarzen Tee und die Zitronenschale in die Teekanne geben, das Fenchelwasser daraufschütten und 3 Minuten ziehen lassen. Nach Belieben süßen.

Variante: Elfentee
Anstelle der Fenchelsamen kann man auch eine Handvoll frisch gepflückte duftende Wildrosenblüten verwenden.

Für Ungeduldige - Fertiges aus dem Supermarkt-Regal

Nicht jedem ist das Kochen in die Wiege gelegt. Manchmal muss es einfach schnell und bequem sein. Schließlich will man beim LARP vor allem spielen, nicht sich mit langwieriger Nahrungszubereitung plagen. Und der Griff ins Regal im Supermarkt liegt nahe. Allerdings ist es ein ziemlicher Ambientekiller, wenn der Drow plötzlich den Maggi-Fix-Pack in seine Pfanne rührt oder die Waldelfe im Schlachtgetümmel in die aluverpackte Einweg-Salami beißt. Dennoch haben Fertiggerichte ihre Berechtigung.

Bei großen Outdoor-Ausstattern (Bezugsquellen im Anhang) gibt es gefriergetrocknete Komplettgerichte, die meist nur noch Wasser und den Campingkocher benötigen. Wer das solchermaßen erstandene Gericht noch nett in ein Lederbeutelchen oder ein Keramikgefäß umpackt, das irgendwo neben der Kochstelle steht, kann so durchaus zu einer halbwegs InTime-tauglichen Mahlzeit gelangen. Die Bequemlichkeit hat allerdings ihren Preis.

Für einen schnellen Snack zwischendurch empfiehlt sich eine Tüte Trockenfrüchte, Studentenfutter, oder auch die handliche Salami, die am Gürtel baumelt. Neben Markenprodukten aus dem Supermarkt bieten sich hierfür vor allem traditionelle Würste wie Landjäger oder Kaminwurzen (beim Metzger des Vertrauens) an.

Auch bei den Zutaten gibt es so mancherlei, das ins Ambiente passt und das Leben erleichtert – etwa vorgegarten Zartweizen (Handelsname z. B. Ebly), mit Getreide und Wildreis vermischten Reis, oder gefriergetrocknete Zwiebeln, Schalotten, Knoblauch, Kräuter – gut haltbar und leicht im Gepäck.

Handelsübliche Brotbackmischungen, die man nur mit Wasser anrühren muss, taugen prima für das Fladenbrot aus der Pfanne, das Stockbrot oder auch als Unterlage für gegrillte Pizza.

Ein praktischer – und vor allem gut haltbarer, weil kaum verderblicher – Ersatz für Hackfleisch ist Sojagranulat, das es mittlerweile auch in den Bio-Ecken größerer Supermärkte oder im Bioladen oder Reformhaus gibt. Wer häufiger damit kocht, deckt sich vielleicht bei einem Online-Händler damit ein.

Mittlerweile gibt es Soja-Trockenprodukte für unterschiedlichste Gerichte, vom Steak über das Geschnetzelte bis zum bekannten Hackersatz.

Ebenfalls sehr bequem sind vegetarische Bratlingsmischungen, nur noch mit Wasser und evtl. Einem Ei anrühren und in der Pfanne braten – die Zubereitung geht schnell, und durch eine große Bandbreite an Getreidearten und Geschmacksrichtungen passen sie u. U. Bestens ins Ambiente. Manche Bratlingsmischungen taugen gut für Gerichte aus ‚Bällchen' in Sauce. Auch hier liegt ein großes Plus in der guten Haltbarkeit der Produkte.

Kleine Helferlein sind auch Currypasten aus dem Asienladen – mit Thai-Currypaste und etwas Kokoscreme vom Block ist mit jedwedem Gemüse schnell ein asiatisches Currygericht gezaubert. Fast schon ein Klassiker ist Biryani-Paste, zu der man noch Gemüse, Reis und Tomatenpüree oder Tomaten aus der Dose gibt, um ein tolles, aromatisches Gemüse-Reis-Gericht zu erhalten.

Um einen absoluten Klassiker handelt es sich bei der Erbswurst. Diese besteht aus gelbem Erbsenmehl, Rinderfett, entfettetem Speck, Salz, Zwiebeln und Gewürzen, und wird zu einer knapp 10 cm langen Wurst gepresst verkauft. Man erhält sie billig in beinahe jedem Supermarkt – meist irgendwo im untersten Regal versteckt. Ein Stück Erbswurst, mit etwas Wasser aufgekocht, ergibt eine sättigende Erbsensuppe. Da sie sehr haltbar ist, stellt die Erbswurst eine ideale Notration dar.

Sehr gut eignet sich auch ein Tête des Moines-Käse, der auf einem eigenen Holzbrettchen mit Schneidvorrichtung (Girolle) sehr ambientig portionsweises Abschälen des leckeren Klosterkäses ermöglicht.

Und last, but not least: Hungerkünstler und Plotjäger, denen jede Sekunde der Nahrungsaufnahme zu viel ist, können ihre Spieltauglichkeit erhalten, indem sie sich etwas isotonisches Getränkepulver in die Wasserflasche geben und mit Wasser auffüllen.

Auf der Webseite zum Buch – http://larpkochbuch.de/ – findet ihr weitere InTime-taugliche Fertiggerichte vorgestellt.

ANHANG

SOSO... SIE WOLLEN ALSO BEHAUPTEN, DIE MORDWAFFE WAR IM BRATEN VERSTECKT?

Bezugsquellen

Hinweise ohne Gewähr; mit keiner der genannten Firmen haben wir eine wie auch immer geartete geschäftliche Verbindung (außer dass wir hier und da zufriedene Kunden sind).

Ausrüstung rund ums Outdoor-Kochen sowie gefriergetrocknete Mahlzeiten, Jerky und Pemmikan

Globetrotter Ausrüstung
Denart & Lechhart GmbH
Bargkoppelstieg 12
22145 Hamburg http://www.globetrotter.de/

(Ladengeschäfte in Hamburg, Berlin, Frankfurt, Dresden und Bonn)

Dörrgeräte:

Auf EBay **- http://**www.ebay.de/ - werden regelmäßig Dörrautomaten zur Versteigerung angeboten. Der Preis schwankt hier zwischen 20 und 150 Euro.

Rommelsbacher ElektroHausgeräte GmbH
Rudolf-Schmidt-Str. 18
91550 Dinkelsbühl
http://www.rommelsbacher.de/

Kaltenbach **http://www.kaltenbach.ch/**

Webshops mit Dörrgeräten:

Keller, Biogarten und Gesundheit http://www.biokeller.de/
Top-Emma Getreidemühlen http://www.top-getreidemuehlen.de/
Perfekte Gesundheit Shop http://www.perfektegesundheit.de/

Dutch Oven:

VENATUS Verlags-GmbH
Steinriedendamm 15
38108 Braunschweig http://www.venatus.de/
(kein Ladengeschäft)

-- günstiger ist allerdings:

Qvist Niederlande http://www.qvist.nl/OC%20SHOP%20Dutch%20Ovens.htm

Einmachgläser und verschiedene Flaschen und Fläschchen

Gläser und Flaschen
Inh.: Stefanie Burmeister
Altonaer Str. 85-99
13581 Berlin http://www.glaeserundflaschen.de/

Kein Ladenverkauf! Selbstabholung nach Absprache möglich.

Einmachgläser und -flaschen sowie das Weck-Einkochbuch

J. WECK GmbH und Co. KG
Postfach 1103
79656 Wehr http://www.weck.de/

Emaillegeschirr:

VENATUS Verlags-GmbH
Steinriedendamm 15
38108 Braunschweig
(kein Ladengeschäft) http://www.venatus.de/

Holz- & Horngeschirr:

Lederkram
http://www.lederkram.de/holzschalenundholzbesteck.html

Keramikgeschirr:

Akru-Keramik
Ringstraße 19
56204 Hillscheid http://www.akru-keramik.de/

Kessel und Töpfe:

Lederkram
http://www.lederkram.de/lagerkochtoepfe.html

Auch hier bietet es sich an, bei eBay nach günstigen Kesseln zu forschen.

Nachbildungen von historischem Ess- und Kochzubehör:

The Jelling Dragon - Viking Re-enactment Store
http://www.jelldragon.com/vik_hornware.htm

Mittelalter.net http://www.mittelalter.net/

LARP-Wiki Bezugsquellen-Liste
http://www.larpwiki.de/cgi-bin/wiki.pl?BezugsQuellenReenactment

Handgeschmiedete Pfannen:

Hammerschmiede Franz Scholl
Richard-Mahn-Straße 7
87541 Bad Oberdorf http://www.hammerschmiede-scholl.de/
Tel. 08324-1230

Hammerschmiede
Schmittenweg 17
87541 Bad Oberdorf
http://www.hammerschmiede-badoberdorf.de/
mail@hammerschmiede-badoberdorf.de

Soja-Granulat und andere Soja-Trockenprodukte, Bratlingsmischungen:

Alles Vegetarisch http://www.alles-vegetarisch.de/

Spurtle (schottisches Küchenwerkzeug zum Rühren von Porridge):

http://www.seafoamwoodturning.com/Shopping/spurtle.htm

http://celtictrad10091.goeserv.com/celtic/celtic-cook.htm

Travel Mugs/Car Mugs für Star Trek LARPs:

Thinkgeek Mugs & Glasses http://www.thinkgeek.com/homeoffice/mugs/

Peak Berlin http://www.peak-berlin.com/index/art/i8087.html

Globetrotter http://www.globetrotter.de/

Trekkingmahlzeiten:

Katadyn Deutschland Trekking Mahlzeiten GmbH
Nordendstraße 76
D-64546 Mörfelden-Walldorf http://www.trekking-mahlzeiten.de/
Tel.: (0 61 05) 45 67 89
Fax: (0 61 05) 4 58 77

Allgemeines:

IKEA - der LARP-Ausrüster überhaupt, auch im Bereich Küche. Holzschüsseln, Emailledurchschläge, Anrichteplatten und Kelche.
http://ikea.de/

BEGRIFFSERKLÄRUNGEN

Für die weniger LARP-Erfahrenen hier eine Handvoll Begriffe die im Laufe des Textes immer wieder auftauchen werden:

Ambiente – Im Zusammenhang mit Live-Rollenspielen bedeutet dies, ein Umfeld zu schaffen, indem man sich ganz in das gespielte Szenario (Fantasy, Mittelalter, Western, etc.) hineinversetzen kann. Erreicht wird dies wie auch im Film oder dem Theater durch passende Requisiten, sowie Kleidung und Verhalten der Spieler.

Con – Kurzform von ‚Convention'. Eine ein- oder mehrtägige Zusammenkunft von Live-Rollenspielern, um gemeinsam in einem vorgegebenen Szenario zu spielen.

Darkover – Bei Darkover handelt es sich um einen Buchzyklus von Marion Zimmer Bradley, der thematisch zwischen Fantasy und Sciencefiction angesiedelt ist.

Fantasy – Fantasy-LARP lehnt sich – wie der Name schon sagt – an die gängige Fantasy-Literatur an, angefangen bei Tolkien bis hin zu Literatur und Filmen der Gegenwart. Unterschieden wird in der LARP-Szene gelegentlich zwischen *High- und Low-Fantasy*.

Unter *High-Fantasy* versteht man Szenarien, in denen nahezu alle Wesen zugelassen sind, die aus der Literatur sowie dem Film bekannt sind, und zusätzlich plausible Eigenerfindungen. Ebenso gibt es meist keine Einschränkungen bei der Darstellung magischer Fähigkeiten.
Low-Fantasy orientiert sich dagegen eher an einer noch etwas verdüsterten Version des Mittelalters. Es sind keine oder nur wenige nicht-menschliche Wesen zugelassen und die Darstellung von Magie wird ungerne gesehen oder ist komplett sanktioniert.

InTime (IT) - ‚Im Spiel sein' Hier bemüht man sich, nur als Charakter zu reden, nicht aber mehr als Lieschen Müller, 32, Sekretärin. Fragen, wo zur Hölle die Dose Thunfisch ist, gehören hier meist nicht her. Ebensowenig Erzählungen vom Urlaub auf den Kanaren oder Boxershorts mit Mickey Mouse-Aufdruck.

InTime-Anreise – Zuerst reist ein Spieler natürlich mit modernen Verkehrsmitteln, Auto, Bahn oder Bus an, lädt seine Habseligkeiten aus, baut das Zelt auf oder bezieht die Unterkunft. Danach erfolgt aber die *InTime*-Anreise. Manche Veranstalter lassen ihre Spieler selbst wählen ,ob und wie sie anreisen wollen, andere geben dies vor. Man läuft also in Gewandung und mit den Habseligkeiten des Charakters eine gewisse Wegstrecke vom Ort der Veranstaltung weg und kehrt *InCharakter* dorthin zurück.

Unterwegs kann man natürlich schon auf andere Charaktere treffen und erste *InTime*-Unterhaltungen führen sowie Kontakte knüpfen.
Eine Autorin kennt sogar einen Veranstalter, bei dem man danach erst einmal InTime mit dem Wirt über die Unterbringung (Zimmer oder Strohlager) verhandeln darf.

InCharakter (IC)- Man ist Gunhilde vom Schnatterbaum, gefallene Herzogin, nicht aber das erwähnte Lieschen Müller. Man würde sagen (lassen) „Bereitet das Mahl für die Dame vom Schnatterbaum!", nicht aber: „Ey du da am Herd, gib mir mal 'ne zweite Portion."

Orga – Kurzform von ‚Organisatoren'. Meist eine Gruppe von zwei bis zehn Personen, welche für die gesamte Organisation eines *Cons* verantwortlich zeichnen.

OutTime (OT) – Die Zeit außerhalb des Spieles, also zum Beispiel vor oder nach dem *Con*, während man noch seine Siebensachen aus dem Auto klaubt. In dieser Zeit darf man sich auch über Computer, Job, Autos und Neuigkeiten aus dem Privatleben unterhalten.

NSCs zeigen gelegentlich mit überkreuzten Armen an, das sie gerade *OT* sind. Zum Beispiel wenn sie von der Unterkunft zu ihrem Einsatzort gehen müssen, den Spielern aber signalisieren wollen, dass sie gerade ‚nicht da' sind und daher auch nicht ins Spiel einbezogen werden dürfen. Dies ist eine Möglichkeit, die normalen Spielern nur in absoluten Ausnahmefällen zur Verfügung steht.

Out(Of)Charakter (OC) – Man redet nicht mehr als Gunhilde vom Schnatterbaum, sondern nun wieder als Lieschen Müller. Unterhaltungen dieser Art gehören nirgends hin, wo andere Teilnehmer am Spielen sind.

Reenactoren/Reenactment – Reenactoren sollte man nicht mit Live-Rollenspielern verwechseln, sie könnten sich dadurch sogar beleidigt fühlen. Statt erdachte und spontane Geschichten zu spielen, stellen sie historische Ereignisse nach oder versuchen das Leben in dieser Zeit möglichst realistisch darzustellen.Dabei legen sie großen Wert auf historische Korrektheit, bis in kleinste Details.

CHECKLISTEN

Die Materialien der Ausrüstung werden in den Checklisten nicht gesondert erwähnt, sollten aber dem Genre angemessen sein. Die Listen können in größerer Schrift unter http://larpkochbuch.de/ heruntergeladen und ausgedruckt werden.

Checkliste - Spieler bei Vollverpflegung

- ◊ Schale
- ◊ Teller oder Frühstücksbrettchen
- ◊ Becher oder Trinkhorn
- ◊ Trinkflasche
- ◊ Gabel
- ◊ Löffel
- ◊ Messer (sofern nicht ohnehin ein Mehrzweckmesser mitgeführt wird)
- ◊ Zwischenmahlzeiten
- ◊ Trockenobst oder Nüsse/Studentenfutter
- ◊ Notrationen
- ◊ Not-Getränkevorrat (der Durst orientiert sich nicht an Tavernenöffnungszeiten); oder Getränkepulver (isotonisch)
- ◊ Süßigkeiten (falls nicht schon mit Zwischenmahlzeiten abgedeckt)
- ◊ Kleiner Abfallbeutel

Checkliste - Spieler auf Schlachten-Cons

- ◊ Schale
- ◊ Teller oder Frühstücksbrettchen
- ◊ Becher oder Trinkhorn
- ◊ Trinkflasche
- ◊ Gabel
- ◊ Löffel
- ◊ Messer (sofern nicht ohnehin ein Mehrzweckmesser mitgeführt wird)
- ◊ kleiner Kochtopf
- ◊ Pfanne (optional)
- ◊ Kochlöffel (optional, sonst einfach den Löffel nehmen)
- ◊ Kocher (getarnt) oder kleine Feuerschale
- ◊ Kohle, Brennwürfel
- ◊ Streichhölzer
- ◊ Vorgemischte Mahlzeiten
- ◊ Zwischenmahlzeiten
- ◊ Trockenobst oder Nüsse/Studentenfutter
- ◊ Jerkys
- ◊ Notrationen
- ◊ Getränke oder Getränkepulver (isotonisch)
- ◊ Süßigkeiten (falls nicht schon mit Zwischenmahlzeiten abgedeckt)
- ◊ 1 Rolle Kordel
- ◊ Salz und Pfeffer in feuchtigkeitsgeschütztem Behälter
- ◊ Zucker oder andere Süßungsmittel
- ◊ Kaffee oder Tee
- ◊ Spülmittel
- ◊ Schwamm/Bürste
- ◊ Geschirrhandtuch
- ◊ Abfalltüten
- ◊ Kühltasche (getarnt, nur bei Bedarf)
- ◊ Brot (Dosenbrot oder Knäcke)
- ◊ Brotbelag (optional, nur in Verbindung mit vorhandener Kühlmöglichkeit)

Checkliste - Spieler auf Ambiente-Cons

- [ ] Schale
- [ ] Teller
- [ ] Frühstücks-/Schneidebrettchen
- [ ] Becher oder Trinkhorn
- [ ] Trinkflasche
- [ ] Gabel
- [ ] Löffel
- [ ] Messer (sofern nicht ohnehin ein Mehrzweckmesser mitgeführt wird)
- [ ] Kochtopf
- [ ] Pfanne
- [ ] Pfannenwender
- [ ] Wasserkessel oder Kaffeekanne der Art, die man direkt ins Feuer stellt (optional)
- [ ] Schüssel (mittlere Größe)
- [ ] Kochlöffel
- [ ] Feuerschale
- [ ] Kohle
- [ ] Anzünder, Streichhölzer
- [ ] Dreibein
- [ ] Kette und Haken
- [ ] Zwischenmahlzeiten
- [ ] Trockenobst oder Nüsse/Studentenfutter
- [ ] Notrationen
- [ ] Getränke oder Getränkepulver (isotonisch)
- [ ] Süßigkeiten (falls nicht schon mit Zwischenmahlzeiten abgedeckt)
- [ ] Salz und Pfeffer, feuchtigkeitsgeschützt verpackt
- [ ] Gewürze, feuchtigkeitsgeschützt verpackt
- [ ] Zucker oder andere Süßungsmittel
- [ ] Kaffee oder Tee
- [ ] Spülmittel
- [ ] Schwamm/Bürste
- [ ] Geschirrhandtuch
- [ ] Abfalltüten
- [ ] Kühltasche
- [ ] Brot (Dosenbrot oder Knäcke)
- [ ] Brotbelag (optional, nur in Verbindung mit vorhandener Kühlmöglichkeit)

Checkliste für Gruppenköche

- [ ] 1 Schale pro Person
- [ ] 1 Teller pro Person
- [ ] mehrere Frühstücks-/Schneidebrettchen
- [ ] 1 Becher oder Trinkhorn pro Person
- [ ] Trinkflaschen
- [ ] Gabeln
- [ ] Löffel
- [ ] 1 Messer pro Person
- [ ] 2-3 scharfe Kochmesser
- [ ] Kochtopf
- [ ] Pfanne
- [ ] Pfannenwender
- [ ] Wasserkessel oder Kaffeekanne der Art, die man direkt ins Feuer stellt (optional)
- [ ] 2-4 kleine bis große Schüsseln
- [ ] Kochlöffel
- [ ] Feuerschale
- [ ] Kohle
- [ ] Anzünder
- [ ] Streichhölzer
- [ ] Dreibein
- [ ] Kette und Haken
- [ ] Zwischenmahlzeiten
- [ ] Trockenobst oder Nüsse/Studentenfutter
- [ ] Notrationen
- [ ] Getränke oder Getränkepulver (isotonisch)
- [ ] Süßigkeiten (falls nicht schon mit Zwischenmahlzeiten abgedeckt)
- [ ] Salz und Pfeffer, feuchtigkeitsgeschützt verpackt
- [ ] Gewürze, feuchtigkeitsgeschützt verpackt
- [ ] Zucker oder andere Süßungsmittel
- [ ] Kaffee und/oder Tee
- [ ] Spülmittel
- [ ] Schwamm/Bürste
- [ ] 10 Geschirrhandtücher
- [ ] Abfallbeutelrolle
- [ ] 2-3 Müllsäcke
- [ ] Kühltasche
- [ ] Kühlakkus
- [ ] Eis
- [ ] haltbares Brot
- [ ] frisches Brot
- [ ] Brotbelag

<u>Nicht vergessen:</u>

- [ ] Menüplanung
- [ ] Einkaufsliste
- [ ] Kochbuch oder ausgedruckte Rezepte in Klarsichthüllen, oder auf Pergament

Checkliste - Feldküche oder Taverne mit Verpflegung

Eine Checkliste für eine Feldküche oder eine Wandertaverne kann immer nur rudimentär sein. Daher hat diese Checkliste eher Vorschlagscharakter und kann als Einkaufshilfe dienen. Im Endeffekt muss die Ausrüstung auf die Menge der Spieler abgestimmt werden, die ihr versorgen wollt, sowie auf die Anzahl der Köche und Hilfen und die üblicherweise angebotenen Gerichte.

- ☐ Arbeitstische (klapp- oder schnell aufbaubar)
- ☐ Klappstühle, zum Ausruhen
- ☐ Zerlegbare(s) Regal(e), um schnellen Zugriff auf die wichtigen Sachen zu haben.
- ☐ offenes Zelt, Pavillon
- ☐ Zusätzliche Spannseile und Heringe für stark, böigen Wind.
- ☐ Zusätzliches Vorzelt, damit die Wartenden bei strömendem Regen nicht wegschwimmen.
- ☐ Spaten (um die Standfläche zu ebnen oder Wasserrinnen um das Zelt zu graben)
- ☐ Besen
- ☐ Bodenschrubber
- ☐ Wurzelbürste
- ☐ Kehrgarnitur
- ☐ zerlegbarer Fußboden (z. B. aus Holzpaletten & Platten)
- ☐ Vorratskisten
- ☐ Kiste für ambiente-störende Verbrauchsmaterialien
- ☐ getarnte Kühlbox, oder Wanne/Tonne voll Eis
- ☐ Abwaschgelegenheit
- ☐ Vorratsbehälter für Trinkwasser und Brauchwasser
- ☐ Abwasser-Auffangbehälter (Fass, Kanister)
- ☐ Gaskocher
- ☐ Gasflaschen & Ersatzgasflasche
- ☐ Streichhölzer oder Gasanzünder
- ☐ Grill
- ☐ Grillroste
- ☐ Kohlezange
- ☐ Drehspieß
- ☐ Dutch Oven
- ☐ mehrere große Töpfe
- ☐ mehrere große Schüsseln
- ☐ Sieb/Durchschlag
- ☐ kleine Töpfe
- ☐ Wasserkessel
- ☐ Pfannen
- ☐ große Suppenkellen
- ☐ Schaumlöffel
- ☐ Pfannenwender
- ☐ große und kleine Kochlöffel
- ☐ Schneebesen
- ☐ Fleischklopfer
- ☐ Nudelholz
- ☐ Reibe
- ☐ Kartoffelpresse/Flotte Lotte
- ☐ mehrere kleine und große Schneidebretter
- ☐ mehrere Küchenmesser
- ☐ Messerblock (optional)
- ☐ Schleifstein oder Messerschärfer
- ☐ Messbecher oder Gefäße mit bekanntem Volumen
- ☐ Bügelgläser für Vorräte
- ☐ IT-Geschirr zum Anrichten (Krüge, Platten, Teller)
- ☐ Salatbesteck
- ☐ Korkenzieher
- ☐ Flaschenöffner
- ☐ Dosenöffner
- ☐ Schere
- ☐ auskochbare Tischdecken
- ☐ 20 Geschirrhandtücher
- ☐ Stahlschwämme
- ☐ Spülbürste
- ☐ Geschirrschwämme
- ☐ Spültücher
- ☐ Geschirrspülmittel
- ☐ Scheuerpulver
- ☐ mildes Handwaschmittel
- ☐ Handcreme
- ☐ Schnur als Wäscheleine
- ☐ Wäscheklammern aus Holz
- ☐ Rei in der Tube
- ☐ Waschzuber

- feuerfeste Handschuhe
- Topflappen

OutTime Utensilien:

- Klarsichtfolie
- Mülltüten
- Müllsäcke
- Gefrierbeutel
- Küchentücher
- Einmal-Handschuhe

Basis-Lebensmittel:

- Gewürzköfferchen
- Salz
- Zucker/Honig
- Backpulver
- Trockenhefe
- Mehl
- Butter
- gutes neutrales Öl oder Olivenöl
- haltbares Brot
- Kaffee
- Tee
- Milch

Für Notfälle:

- Pflaster (griffbereit)
- Erste-Hilfe-Kasten
- Handy (griffbereit, um den Notarzt zu rufen)
- Branddecke (griffbereit)

Nicht vergessen:

- Speise- und Mengenplanung
- Einkaufsliste
- Einkaufsplanung (was, woher und wer kauft ein)
- Finanzplanung
- IT-Kochbuch oder Kochrezepte in Klarsichtfolie

Checkliste bei einer vorhandenen Küche

Bei einer vorhandenen und eingerichteten Küche sollte man sich besser nicht auf die Vollständigkeit und Einsatzbereitschaft verlassen. Reiben können stumpf und rostig sein, Messer stumpf und schartig oder es sind von vorneherein nur Buttermesser vorhanden. Schneidebrettchen haben Untertassen-Größe, die vormals reichhaltige Topfauswahl wurde in der Vergangenheit durch Anbrennen und vergessenes Abwaschen erschreckend dezimiert und ein Ding, bei dem Metallschlingen in alle Himmelsrichtungen abstehen, wird als Schneebesen bezeichnet.

Auch bei einer vorhandenen Küche muss man eigene Hilfsmittel anschleppen, um nicht 20 Kilo Kartoffeln mit einem stumpfen Kindermesser schälen zu dürfen. **Der eigene Besitz sollte immer gekennzeichnet und markiert sein,** um bei der Abreise nicht mit dem Betreiber in Streit oder in den Verdacht zu geraten, die Ausrüstung zu entwenden.

Weitere Probleme, die gerade in entfernt liegenden, alten Freizeitheimen auftreten können: Es sind zwar zwei oder mehr Herde vorhanden, aber die Stromversorgung ist so alt, dass mit jeder zugeschalteten Platte oder Backofen die Leistung der anderen Platten sinkt. Die Kochzeit aller Gerichte erhöht sich deutlich. Bei Holzherden muss ein gewisses Geschick oder Erfahrung beim Befeuern vorhanden sein, um nicht nur jede Menge Holz durch den Schornstein zu blasen, sondern auch die benötigte Kochhitze zu erzeugen.

Vorher in Erfahrung bringen:

- Wieviele Herde/Kochplatten sind vorhanden?
- Holz-, Gas- oder Elektroherde? Heißluft oder Umluft?
- Welche Töpfe sind vorhanden, in welcher Größe?
- Sind große Schüsseln vorhanden oder nur durchschnittliche Supermarkt-Ware?
- Welche Kühlmöglichkeiten gibt es? Tiefkühlschrank/Truhe, Kühlraum? Kleiner Einfamilien-Kühlschrank? Mehrere davon?
- Welche Möglichkeiten zur Müllentsorgung gibt es? Bestehen von Seiten der Betreiber vorgegebene Regeln bei der Trennung?
- Welche Einkaufsmöglichkeiten gibt es in der Nähe?
- Gibt es eine Warmwasserversorgung (auch für die Küche) und wie wird diese realisiert?
- Für wieviele Personen ist Geschirr und Besteck vorhanden?
- Sind Backbleche und Roste vorhanden? Wieviele? Brauchbar?
- Welche Größe Filterpapier braucht die Kaffeemaschine vor Ort?

Mitnehmen:

- Anzünder + Streichhölzer (bei Holzherden)
- scharfe Küchenmesser (pro Koch und Helfer mindestens eins)
- Schnellschäler (optional)
- Messerblock (optional)
- Schleifsteine oder Messerschärfer (optional)
- Große Schneidebretter
- Anrichteplatten (optional)
- IT-Geschirr für den gedeckten Tisch oder das Buffet (Krüge, Teller, Karaffen, Tiegel, Töpfchen)
- Küchenreibe
- Mixer (optional)
- Pürierstab (optional)
- Handrührgerät mit Knethaken und Schneebesen (optional)
- Wasserkocher (optional)
- Messbecher
- Sieb/Durchschlag (optional)
- Schneebesen
- Gefrierbehälter (für Reste oder Aufschnitt); und/oder Rolle Gefrierbeutel
- große Schüsseln (optional)
- große Töpfe (optional)
- Pfannen (optional)
- Kasserolle oder Römertopf (optional)
- Wasserkessel
- Thermoskannen (optional)
- Kleinkram wie Pfannenwender, Schaumlöffel, Kochlöffel, Eierpieker, Fleischklopfer
- Nudelholz (optional)
- Eieruhr
- Dosenöffner
- Käsehobel (optional)
- Backpapier oder Backmatte
- Backformen (optional)
- Koch-/Backthermometer
- Geschirrspülmittel (falls eine Geschirrspülmaschine vorhanden ist, auch Tabs)
- Scheuerpulver/-milch
- Universalreiniger (z. B. für den Boden)
- Sagrotan (optional)
- mildes Handwaschmittel
- 10-20 saubere Geschirrhandtücher
- Küchenrollen
- Handtücher
- Topflappen/Ofenhandschuhe
- Frischhaltefolie
- Alufolie
- 100er-Pack Einweg-Handschuhe (zum Chili-Schneiden oder wenn es mal eklig

wird)

- ☐ Topfschwämme (billige, max. 1 Tag benutzen, dann wegwerfen)
- ☐ Stahlschwamm
- ☐ Spültücher (wenn sie nicht auskochbar sind, wegwerfen)
- ☐ Spülbürste
- ☐ Essigessenz oder Citronensäure-Pulver
- ☐ Filterpapier
- ☐ Rolle Kordel
- ☐ Rolle Bratenschnur
- ☐ Holzspieße
- ☐ eine Rolle Mülltüten
- ☐ eine Rolle Müllsäcke

Für Notfälle:

- ☐ Pflaster (griffbereit)
- ☐ Erste-Hilfe-Kasten
- ☐ Handy (griffbereit, um den Notarzt zu rufen)
- ☐ Branddecke (griffbereit)

Basis-Lebensmittel:

- ☐ Gewürzköfferchen
- ☐ Salz
- ☐ Zucker
- ☐ Backpulver
- ☐ Trockenhefe
- ☐ Mehl
- ☐ Butter
- ☐ gutes neutrales Öl oder Olivenöl
- ☐ Brot (für die Zeit nach der Anreise bis zum ersten Essen)
- ☐ Kaffee
- ☐ Tee (auch Früchte- oder Kräutertee)
- ☐ Milch

Nicht vergessen:

- ☐ Speise- und Mengenplanung
- ☐ Einkaufsliste
- ☐ Einkaufsplanung (was, woher und wer kauft ein)
- ☐ Finanzplanung
- ☐ eigenen Besitz beschriften/markieren
- ☐ Kochbücher oder Rezeptkopien in Klarsichtfolie

Für den Eigenbedarf:

- ☐ Essschale, Teller, Brettchen
- ☐ Besteck
- ☐ Tasse, Becher, Glas
- ☐ Privatgetränke
- ☐ Süßigkeiten
- ☐ Lieblingsspeisen (Man muss nicht selbst zwingend mögen, was man kocht ;-))
- ☐ Radio/CD-Player (für die Zeit vor An- und nach Abreise der Spieler, wenn man mit ödem Aufräumen beschäftigt ist)
- ☐ gute Handcreme (häufiges Händewaschen laugt die Haut aus)
- ☐ Haarspangen/-gummis
- ☐ Kopftuch, Kochmütze
- ☐ Schürze
- ☐ Rei in der Tube

Quellen

1. Selbst- oder Vollverpflegung?

Vermeidung von Lebensmittelinfektionen für Ehrenamtliche bei Vereinsfesten, Freizeiten und ähnlichen Veranstaltungen - Merkblatt; 2005 -
http://www.gesundheitsamt-bw.de/servlet/PB/show/1188469/lga-merkblatt-infektionsschutz050815.pdf

Leitfaden für den Umgang mit Lebensmitteln auf Straßen und Vereinsfesten
http://www.mlr.baden-wuerttemberg.de/mlr/allgemein/leitfaden.pdf

2. Ausrüstung

Bauernhäuser aus dem Mittelalter
Ein Handbuch zur Baugruppe Mittelalter im Fränkischen Freilandmuseum in Bad Windsheim
Konrad Bedal/Hermann Heidrich; Verlag Fränkisches Freilandmuseum, Bad Windesheim
ISBN 3-926834-38-2

Die Kelten; Europas Volk der Eisenzeit - Versunkene Kulturen
ECO Verlag - ISBN 3-934519-64-4

http://de.wikipedia.org/wiki/Kelten

Star Wars Chroniken; Deborah Fine & Aeon Inc.
vgs Verlagsgesellschaft Köln - ISBN 3-8025-2463-2

Geist der Kochkunst; Karl Friedrich Freiherr von Rumohr
insel taschenbuch - ISBN 3-458-32026

Römisches, byzantinisches und frühmittelalterliches Glas
10 v. Chr - 700 n. Chr - E. Marianne Stern
Hatje Cantz Verlag - ISBN 3-7757-9041-1

The Medival Kitchen - Recipes from France and Italy
Odile Redon, Francoise Sabban & Silvano Serventi
The University of Chicago Press - ISBN 0-226-70685-0

Tafelfreuden aus dem Mittelalter
Kulturgeschichte des Essens und Trinkens in Bildern und Dokumenten
Bruno Laurioux
Belser Verlag - ISBN 3-7630-2091-8

Chuck Wagon - http://www.phudpucker.com/bluebonn/chuck%20wagon.htm
Farm and Daily Life - http://www.eagle.ca/~matink/themes/Pioneers/farm.html
Geschichte der Emaille - http://www.emailverband.de/DEV/geschichte.htm
Tole Painting - http://en.wikipedia.org/wiki/Toleware
Traditional Tole and a little of its history - http://www.zest-it.com/tole.htm
History of Tole Painting - http://www.h2.dion.ne.jp/~tierra/history.htm
Viktorianische Küchen - http://www.housemouse.net/
Victorian Kitchen & Table Tools- http://www.calacademy.org/research/anthropology/kitchen/
K'tesh's Klingon Food Pages - http://www.geocities.com/ktesh_kag/klingon_food.htm

Klingon Feast Guild - http://groups.yahoo.com/group/KlingonFeastGuild/
Verhaltensregeln bei klingonischen Festessen - http://khemorex-klinzhai.de/culture/verhaltensregeln.html

Andere Medien:

Tank Girl (1995) - http://imdb.com/title/tt0114614/
Star Trek VI: Das unentdeckte Land (1991) - http://imdb.com/title/tt0102975/
Matrix (1999) - http://imdb.com/title/tt0133093/
Star Trek (1966-1969) - http://imdb.com/title/tt0060028/
Star Trek: The next Generation (1987-1994) - http://imdb.com/title/tt0092455/
Star Trek: Deep Space Nine (1993-1999) - http://imdb.com/title/tt0106145/
The Tripods [Die dreibeinigen Herrscher] (1984-1985) - http://imdb.com/title/tt0086818/
Geschichte aus dem Kochtopf - ARTE Mini-Serie - http://www.arte.de/
div. Ausgaben der **Star Trek Fact Files**

3. Feuerstellen & Öfen

Leere Töpfe, volle Töpfe - Die Kulturgeschichte des Essens und Trinkens
Gert v. Paczensky, Anna Dünnebier
Albrecht Knaus Verlag - ISBN 3-8135-2082-X

Wildnis Küche; Rainer Höh
Reise Know-How Verlag - ISBN 3-8317-1077-5

Kochen 1 aus Rucksack und Packtasche - Basiswissen für Draußen; Nicola Boll
Conrad Stein Verlag - ISBN 3-89392-608-9

Kochen 2 - für Camper - Basiswissen für Draußen; Claudia Erben
Conrad Stein Verlag - ISBN 3-89392-399-3

Das große Buch der Überlebenstechniken; Gerhard Buzek
Orbis Verlag - ISBN 3-572-01234-1

Holzasche als Seife - http://www.atelier7a.de/seifen.html
Mehr zu Holzasche - http://www.hexenkueche.de/2004/april.html

Veranstaltungsorte ‚verbrennen' -
http://www.larpwiki.de/cgi-bin/wiki.pl?SozialeInkompetenzT%F6tetLocations

4. Kleine Zutatenkunde

Wikipedia - http://de.wikipedia.org/
Teeportal - http://www.teesorten.de/

Feldfrüchte - Getreide, Gemüse, Futterpflanzen
Huber/Hindelang, Kosmos Naturführer - ISBN 3-440-06402-6

Hülsenfrüchte - Monica Cacciatore & Claudia Daiber
Hädecke, Weil der Stadt - ISBN 3-7750-0383-5

Webseite des **Butser Ancient Farm Research Center**s - http://butser.org.uk/

Biologie der Leguminosae (Hülsenfrüchtler) Uni Giessen - http://bibd.uni-giessen.de/gdoc/2000/uni/p000003/

Getreidezüchtungsforschung Darzau - http://www.darzau.de/de/projekte/einkorn.htm

Alternative Wheat Cereals as Food Grains: Einkorn, Emmer, Spelt, Kamut, and Triticale - http://www.hort.purdue.edu/newcrop/proceedings1996/V3-156.html
Deutschlandradio Mahlzeit: Süssungsmittel - http://www.dradio.de/dlr/sendungen/mahlzeit/255723/
Diplomarbeit von Andreas Zeitlhöfler 2002: **Die obstbauliche Nutzung von Wildobstgehölzen** - http://www.zeitlhoefler.de/garteninfos/wildobst/Dipl-navi.html

The Food Timeline - http://www.foodtimeline.org/ - listet auf, welche Lebensmittel wo und wann das erste Mal auf dem menschlichen Speiseplan erschienen

5. Kräuter und andere Waldläufergenüsse

Essbare Wildbeeren und Wildpflanzen; Detlev Henschel
Kosmos Verlag - ISBN 3-440-09154-6

Maibowle - Bildungsserver für Chemie an der Uni Bielefeld - http://dc2.uni-bielefeld.de/dc2/tip/05_00.htm
Wikipedia (http://de.wikipedia.org/) Artikel zu den angeführten Pflanzen

Fuchsbandwurm-Informationen - http://www.gesundheitsamt-bw.de/servlet/PB/show/1181036/der%20kleine%20fuchsbandwurm050513.pdf

Der Fuchsbandwurm - WDR vom 28.08.2005 - http://www.wdr.de/tv/aks/spezialbeitraege/20050828_fuchsbandwurm.jhtml

Verbraucherschutzministerium (BMVEL) - **Fragen und Antworten zum Fuchsbandwurm** - http://www.verbraucherministerium.de/index-00071965C08912E4A6A56521C0A8D816.html

6. Lebensmittel aufbewahren und vorbereiten

Trail Food - Drying And Cooking Food For Backpackers And Paddlers; Alan S. Kesselheim
Ragged Mountain Press - ISBN: 0-07-034436-1

How To Dry Foods; Deanna Delong
HP Books - ISBN: 0-89586-024-4

Konservieren - Alles über die perfekte Vorratshaltung; Heinz K. Gans
Ulmer - ISBN 3-8001-6790-5

Das Weck-Einkochbuch : Anleitung zum richtigen und sicheren Einkochen
über http://www.weck.de/ oder den Buchhandel

http://trekkingforum.com/forum/index.php - F**orum mit Tipps u. a. zur Lebensmittelhaltbarmachung**.

7. Mengenberechnung

Kochen für Gruppen; Madlen Hofstetter Zangger
rex verlag luzern - ISBN 3-7252-0585-X

Wir kochen gut (DDR Grundkochbuch von 1988)
Verlag für die Frau, Leipzig - ISBN 3-7304-0074-6

Pfadfinder Wiki - http://www.pfadiwiki.ch/index.php/Mengenberechnung

Rezeptsammlung kirchenweb.at - Küchenmaße und Gewichte - http://www.kirchenweb.at/kochrezepte/

Cooking for a Crowd - http://homecooking.about.com/library/weekly/aa022299.htm

8. Rezeptteil

Monumenta Culinaria et Diaetetica Historica
Corpus of culinary & dietetic texts of Europe from the Middle Ages to 1800
Corpus älterer deutscher Kochbücher und Ernährungslehren
http://www.staff.uni-marburg.de/~gloning/kobu.htm

Rumpolts Rezepte aus dem Mittelalter
http://www.baselland.ch/docs/kultur/archaeologie/Pages/rezepte.html

Rezepte der Äbte - Von Klöstern, Heiligen und himmlischen Genüssen;Wolfgang Mönninghoff
vgs verlagsgesellschaft mbh, Köln - ISBN 3-8025-1565-X

Lipsmackin' Vegetarian Backpackin'; Christine and Tim Conners
The Globe Pequot Press, 2004 - ISBN 0-7327-2531-1

Die deutsche Küche im 20. Jahrhundert - Von der Mehlsuppe im Kaiserreich bis zum Designerjoghurt der Berliner Republik;
Rainer Hirbelt, Sonja Spindler
Eichborn, Frankfurt am Main, 2000 -ISBN 3-8218-1593-0

Food in England; Dorothy Hartley
Little, Brown & Company - ISBN 0-316-85205-8

TheOneRing Net -
http://greenbooks.theonering.net/moonletters/recipes/files/r060102_01.html
Hypocras - http://winemaking.jackkeller.net/request107.asp
Mittelalterlich kochen - http://www.mittelalterlich-kochen.de/LINK/sammelsurium.html
Chili und Ciabatta - http://peho.typepad.com/chili_und_ciabatta/
Feeding America (Historische Kochbücher online) -
http://digital.lib.msu.edu/projects/cookbooks/html/browse.html
Fischrezepte: http://www.salmonlady.com/recipe2.html

ALPHABETISCHER INDEX DER REZEPTE

Algen-Reis-Bällchen	89
Apfelpfannkuchen	101
Aprikosenkuchen aus der Pfanne	171
Arme Ritter	172
Bannocks	108
Bauernlaib	108
Beerenblättertee	178
Beutelschneiders Hühnerpfanne	134
Bohnen und Äpfel	135
Bohnenpfanne	135
Buttermilch-Pfannkuchen	102
Campfire Coffee	179
Chuckwagon Corn	137
Corned Beef Hash	136
Curryreis	166
Darkovanischer Gewürzkuchen	110
Darkovanisches Nussbrot	111
Darkovanisches Reisebrot	112
Dornbeerensauce	123
Dracheneier	89
Einfache Fladenbrote	112
Eingelegte Würstel	137
Eiskaninchen - Enten-Confit	138
Eismelonenkompott	173
Elbisches Reisebrot	90
Elfen-Riegel	91
Endzeit Proteinbrei	140
Energieplasma	174
Federbeerenkuchen	113
Feenbutter	125
Feigenpudding	177
Festlicher Schokoladenpudding	176
Gebratener Kürbis	140
Gebratenes Sandwich	141
Gedörrte Feigen in Rotwein	177
Gedörrte Fleischstreifen – Jerky	92
Gefülltes Brot	141
Gelber Reis	168
Geschmortes Mandelhuhn mit Viererlei Gewürz	143
Getreidebrei	103
Gewürzbrote	114
Gewürzmischung des Mittelalters	125
Gewürzte Möhren	93
Habermus	103
Hackbraten	144
Hardtack	115
Heißer gewürzter Apfelsaft	181

Herbstgemüse-Suppe 145
Hobbit-Riegel 94
Honig-Nussriegel 95
Hypocras 181
Ingwerlimonade 182
Jaco 183
Kapern-Klopse 146
Käsespätzle 145
Kedgeree 147
Kekse zum Tee 115
Kichererbsen mit Paprikawurst 147
Knusperfrühstück 104
Kochkäse 126
Kräuterquark 126
Kürbissuppe mit Rauke 148
Langosch 149
Lauwarme Nudeln mit Schafskäse 150
Leberpastete 127
Leinsamen-Brötchen 116
Limonade 183
Malfatti 151
Mandelbrot 117
Mangold-Linsen-Suppe 152
Marinierte Auberginen 95
Mousse au chocolat mit Rum 175
Parmesan-Suppe mit Reisflocken 168
Pastinakenpüree 152
Pergamentlachs 153
Pesto Grundrezept 128
Pfannenbrötchen 118
Porridge 105
Protein-Eintopf 154
Pueblo Lamb Stew 154
Rabbithorns 155
Rauke-Butter 130
Rotweinbohnen 96
Sandwiches zum Tee (Lady Heather's Teatime) 96
Sauer eingelegte Sardinen 99
Sauerkrautküchlein 156
Scharfes Rührei 106
Schinken im Töpfchen 131
Schlammhüpfer 157
Schokoladenpudding, einfach 175
Schweinebauch mit grünem Pfeffer 157
Senfhollandaise 131
Smoked Beans 158
Sonnenblumen-Taler 98
Sonntagsfisch, Butler Mason's 159
Stockfisch – Steckerlfisch 160
Süße Haferscones 119
Süßer Hirsebrei 169
Tabouleh 100
Tee aus der Zwergenschmiede 184

Thunfisch-Nudeltopf	170
Traditionelles Bohnengericht	161
Vanillesauce	132
Waldläufers Pilzgemüse	162
Wein-Käse-Suppe	163
Weizenmehl Tortillas	120
Wurstgulasch	164
Wurstsalat	100
Würziges Pfannenbrot	120
Zanzarelli	164
Zigeunergulasch	165
Zimt-Pfannkuchen	106
Zweierlei Stockbrot	121

Index nach Genres

Auch wenn die Rezepte der besseren Übersicht halber bestimmten Genres zugeordnet sind, sollten die meisten Spieler auch bei den Angeboten anderer Genres fündig werden – schließlich passen mittelalterliche, darkovanische und selbst Western-Rezepte durchaus auch in ein Fantasy- oder SciFi-Setting und umgekehrt. Dieser Index soll also nicht bevormunden, sondern nur Anregungen geben, über die sich der Koch je nach Con, Lust und Ambiente selbstredend hinwegsetzen kann.

Allgemein

Apfelpfannkuchen	101
Arme Ritter	172
Bauernlaib	108
Beutelschneiders Hühnerpfanne	134
Buttermilch-Pfannkuchen	102
Curryreis	166
Einfache Fladenbrote	112
Festlicher Schokoladenpudding	176
Gebratenes Sandwich	141
Gefülltes Brot	141
Gelber Reis	168
Gewürzte Möhren	93
Hackbraten	144
Kichererbsen mit Paprikawurst	146
Knusperfrühstück	104
Kräuterquark	126
Langosch	149
Lauwarme Nudeln mit Schafskäse	150
Malfatti	151
Marinierte Auberginen	95
Parmesan-Suppe mit Reisflocken	168
Pergamentlachs	153
Pfannenbrötchen	118

Pesto Grundrezept	128
Sauerkrautküchlein	156
Scharfes Rührei	106
Schokoladenpudding, einfach	175
Senfhollandaise	131
Stockfisch – Steckerlfisch	160
Tabouleh	100
Thunfisch-Nudeltopf	170
Vanillesauce	132
Wein-Käse-Suppe	163
Würziges Pfannenbrot	120
Wurstsalat	100
Zigeunergulasch	165
Zimt-Pfannkuchen	106
Zweierlei Stockbrot	121

Darkover

Darkovanischer Gewürzkuchen	110
Darkovanisches Nussbrot	111
Darkovanisches Reisebrot	112
Dornbeerensauce	123
Eiskaninchen – Enten-Confit	138
Eismelonenkompott	173
Federbeerenkuchen	113
Getreidebrei	103
Honig-Nussriegel	95
Jaco	183
Rabbithorns	155
Schlammhüpfer	157

Fantasy

Beerenblättertee	178
Bohnenpfanne	135
Campfire Coffee	179
Dracheneier	89
Elbisches Reisebrot	90
Elfen-Riegel	91
Feenbutter	125
Heißer gewürzter Apfelsaft	181
Hobbit-Riegel	94
Käsespätzle	145
Kürbissuppe mit Rauke	148
Leberpastete	127
Mangold-Linsen-Suppe	152
Sauer eingelegte Sardinen	99
Schinken im Töpfchen	131
Sonnenblumen-Taler	98
Süßer Hirsebrei	169
Tee aus der Zwergenschmiede	184
Waldläufers Pilzgemüse	162
Wurstgulasch	164
Zwergenbrot	115

Gaslight

Feenbutter	125
Ingwerlimonade	182
Limonade	183
Kapern-Klopse	146
Kedgeree	147
Kekse zum Tee	115
Mousse au chocolat mit Rum	175
Porridge	105
Sandwiches zum Tee (Lady Heather's Teatime)	96
Sonntagsfisch, Butler Mason's	159
Süße Haferscones	119

Kelten

Bannocks	108
Beerenblättertee	178
Feenbutter	125
Habermus	103
Kedgeree	147
Porridge	105
Süße Haferscones	119

Mittelalter

Beerenblättertee	178
Bohnen und Äpfel	135
Eingelegte Würstel	137
Eiskaninchen – Entenconfit	138
Feigenpudding	177
Gedörrte Feigen in Rotwein	177
Geschmortes Mandelhuhn mit Viererlei Gewürz	143
Getreidebrei	103
Gewürzbrote	114
Gewürzmischung des Mittelalters	125
Habermus	103
Herbstgemüse-Suppe	145
Hypocras	181
Kochkäse	126
Leinsamen-Brötchen	116
Mandelbrot	117
Pastinakenpüree	152
Porridge	105
Rauke-Butter	130
Rotweinbohnen	96
Zanzarelli	164

SciFi/Endzeit

Algen-Reis-Bällchen	89
Corned Beef Hash	136
Endzeit-Proteinbrei	140
Energieplasma	174

Protein-Eintopf 154
Schweinebauch mit grünem Pfeffer 157
Süßer Hirsebrei 169

Western

Aprikosenkuchen aus der Pfanne 171
Bohnen und Äpfel 135
Bohnenpfanne 135
Campfire Coffee 179
Chuckwagon Corn 137
Corned Beef Hash 136
Gebratener Kürbis 140
Gedörrte Fleischstreifen – Jerky 92
Hardtack 115